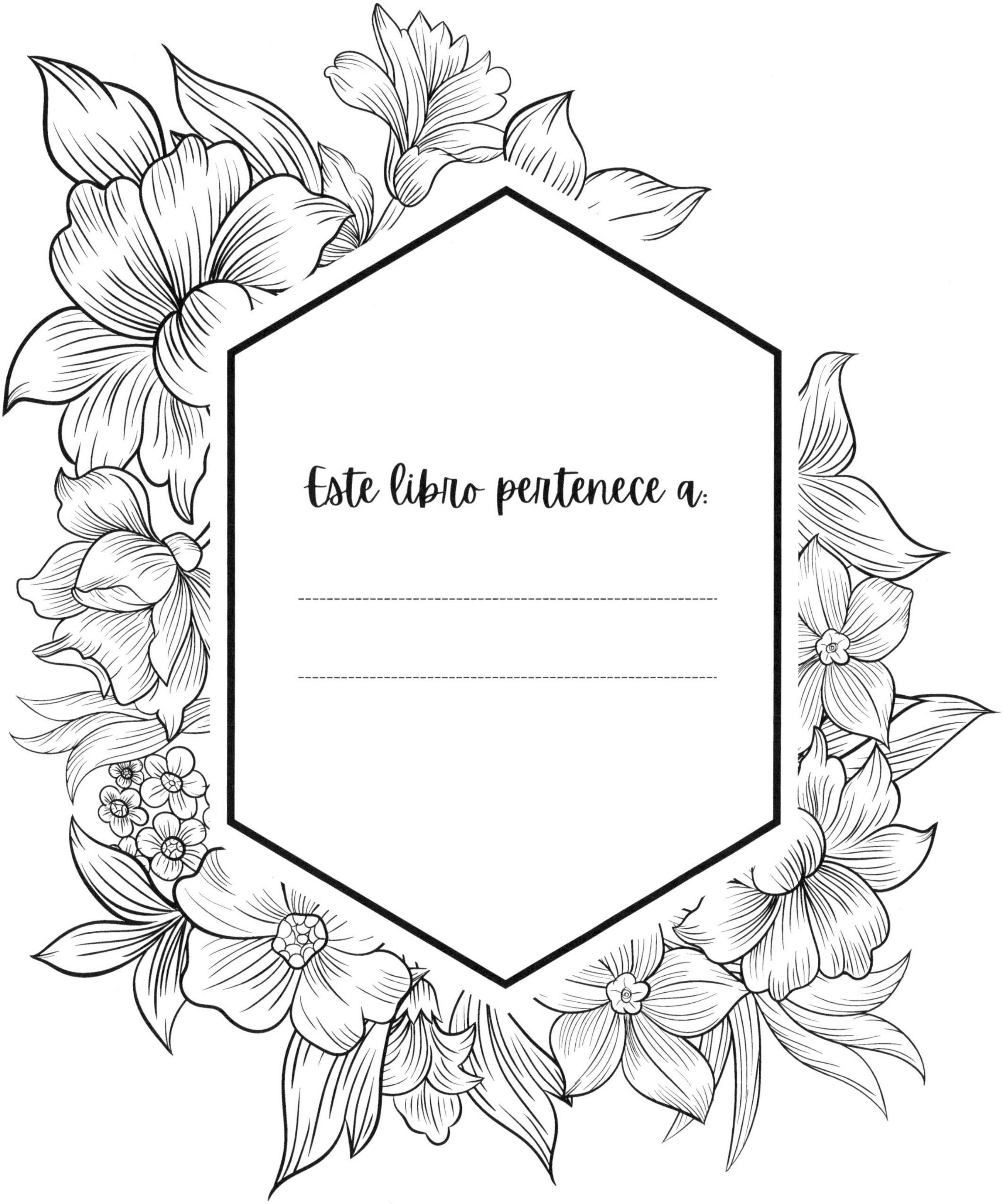

Este libro pertenece a:

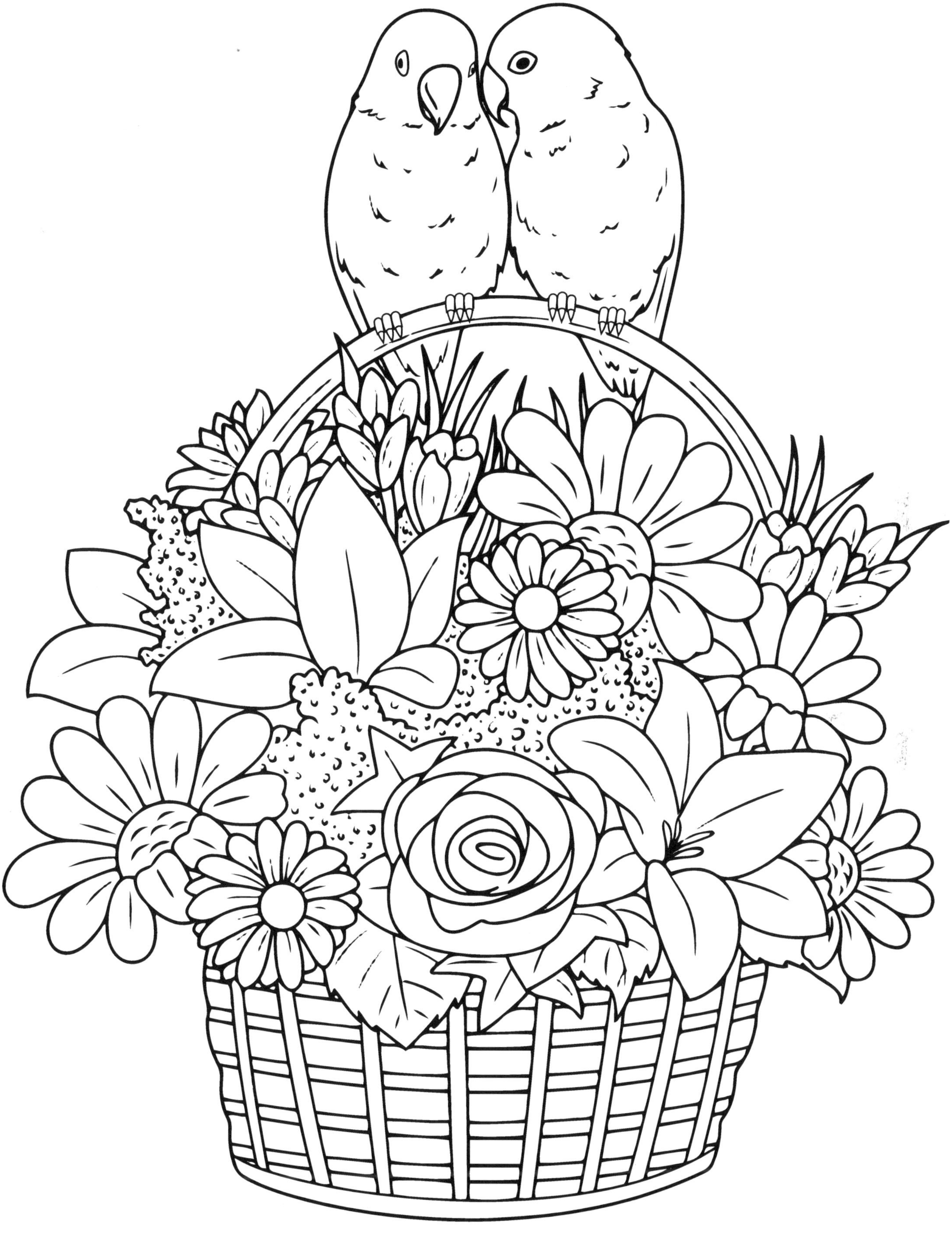

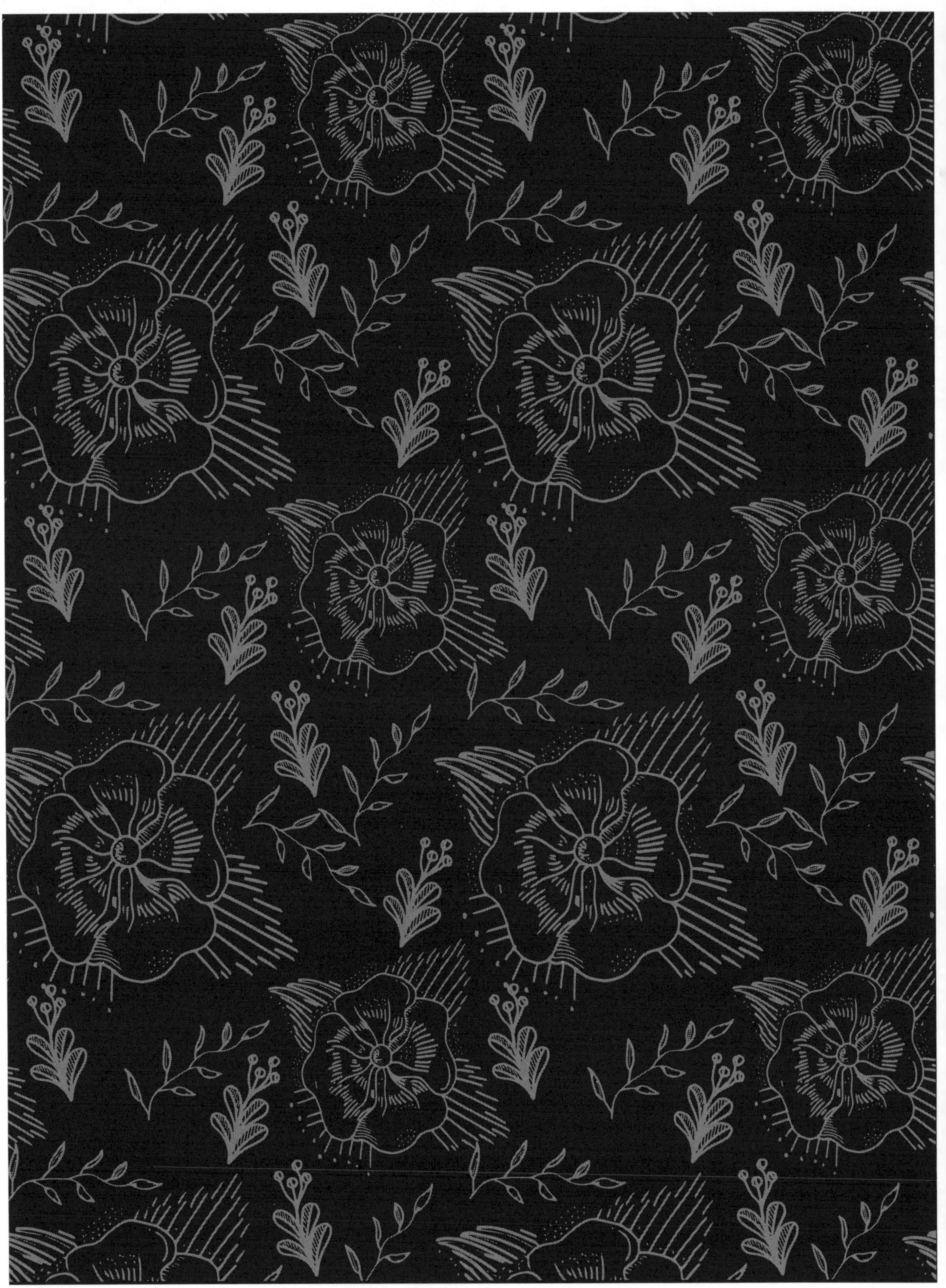

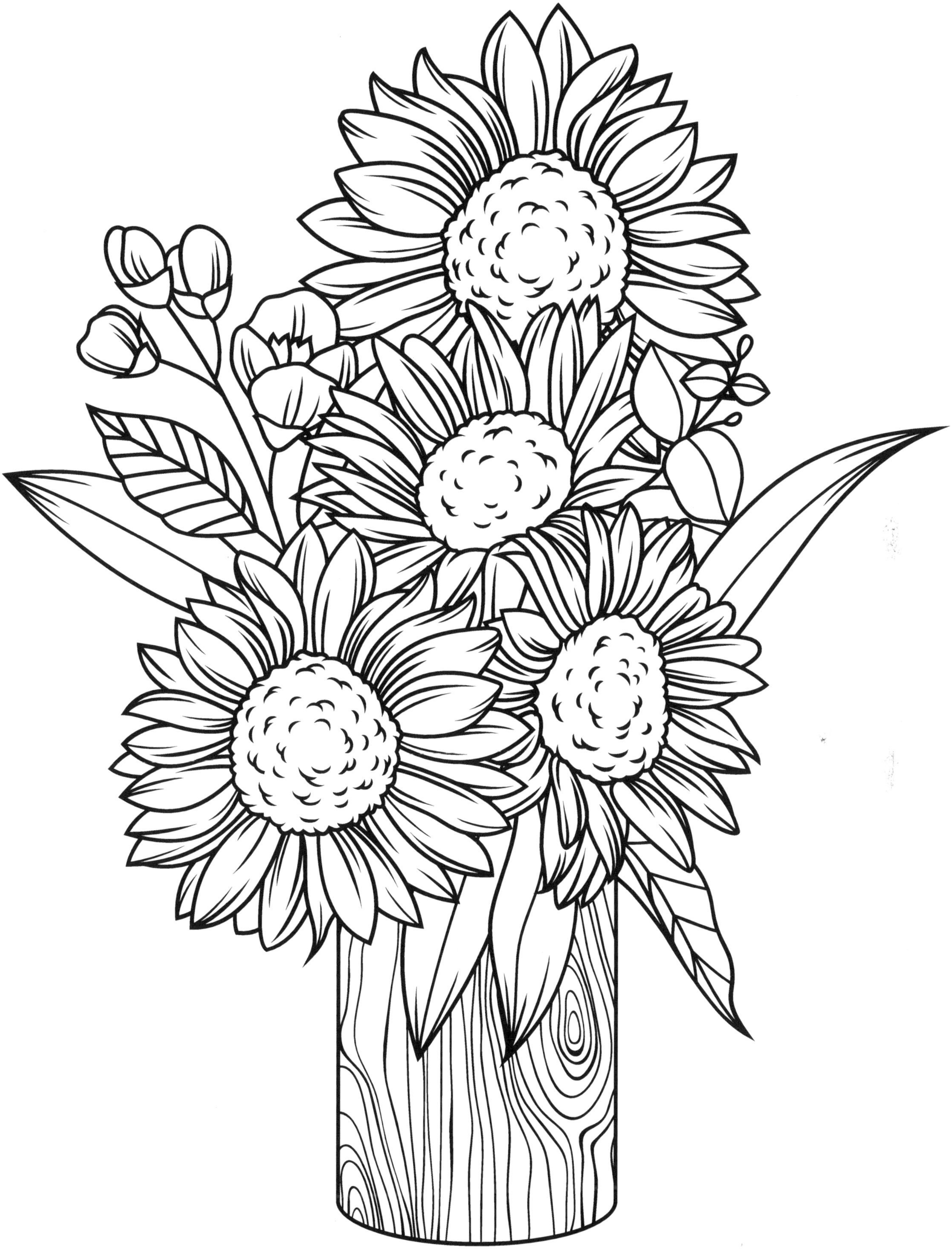

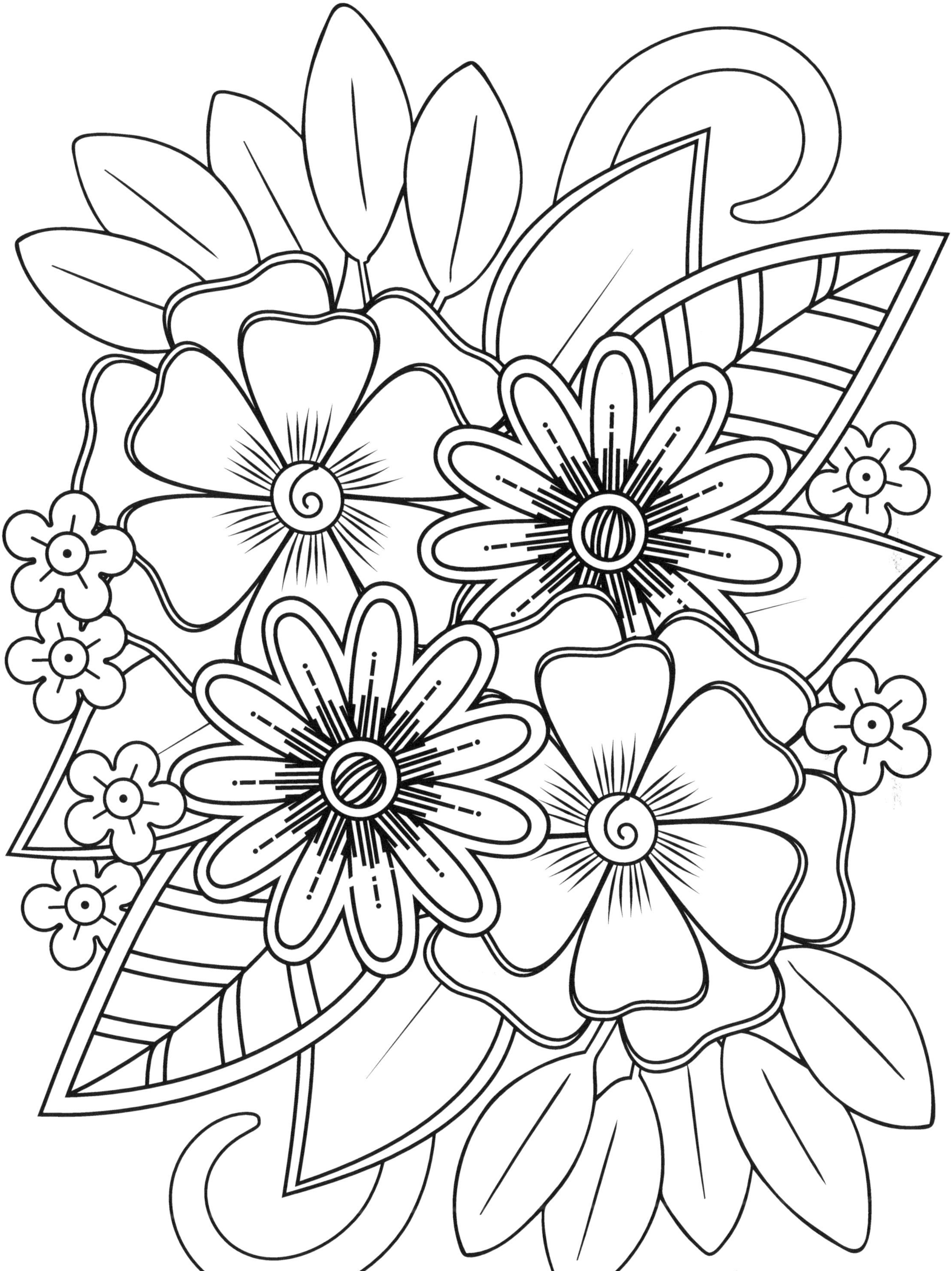

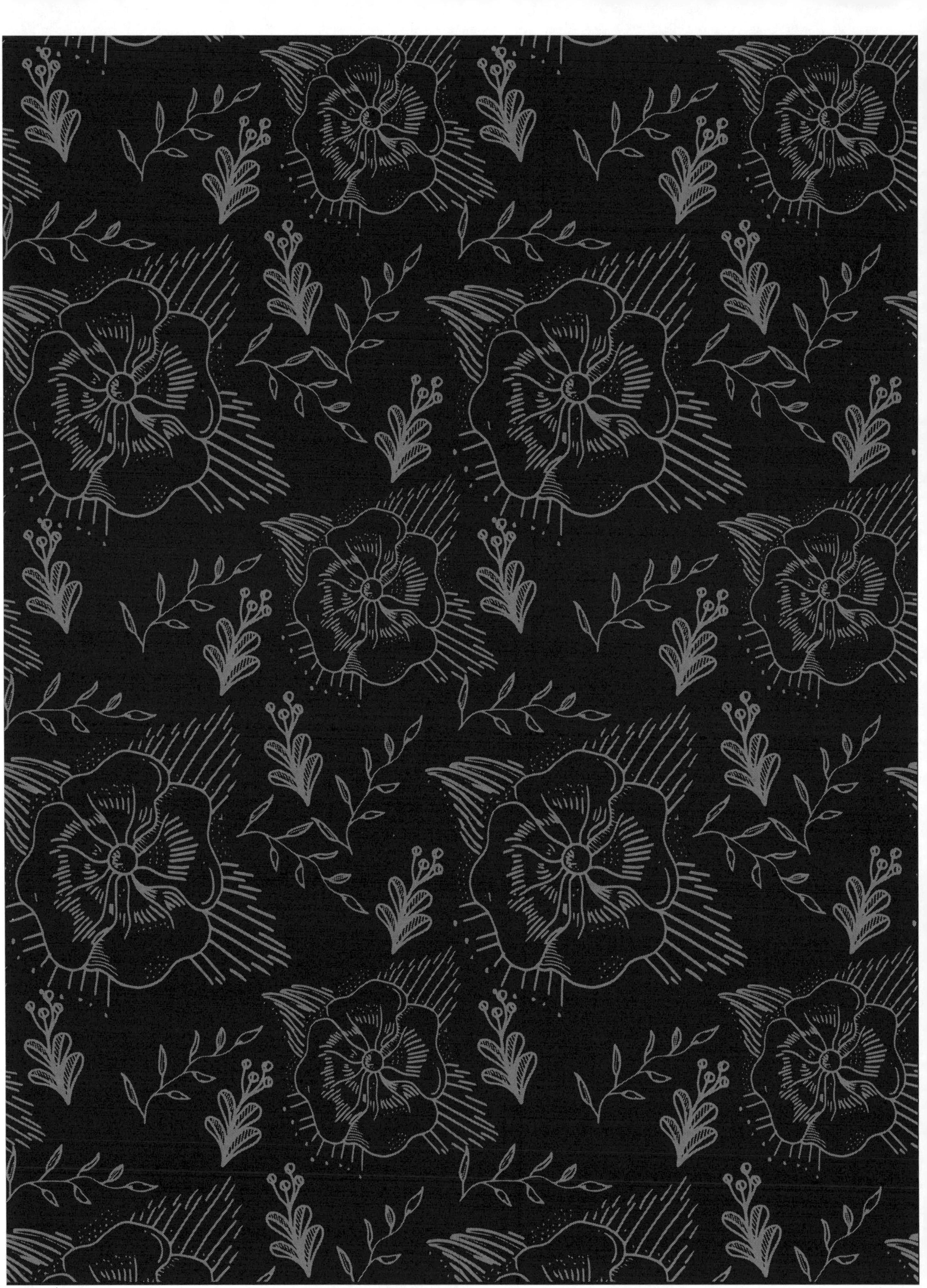

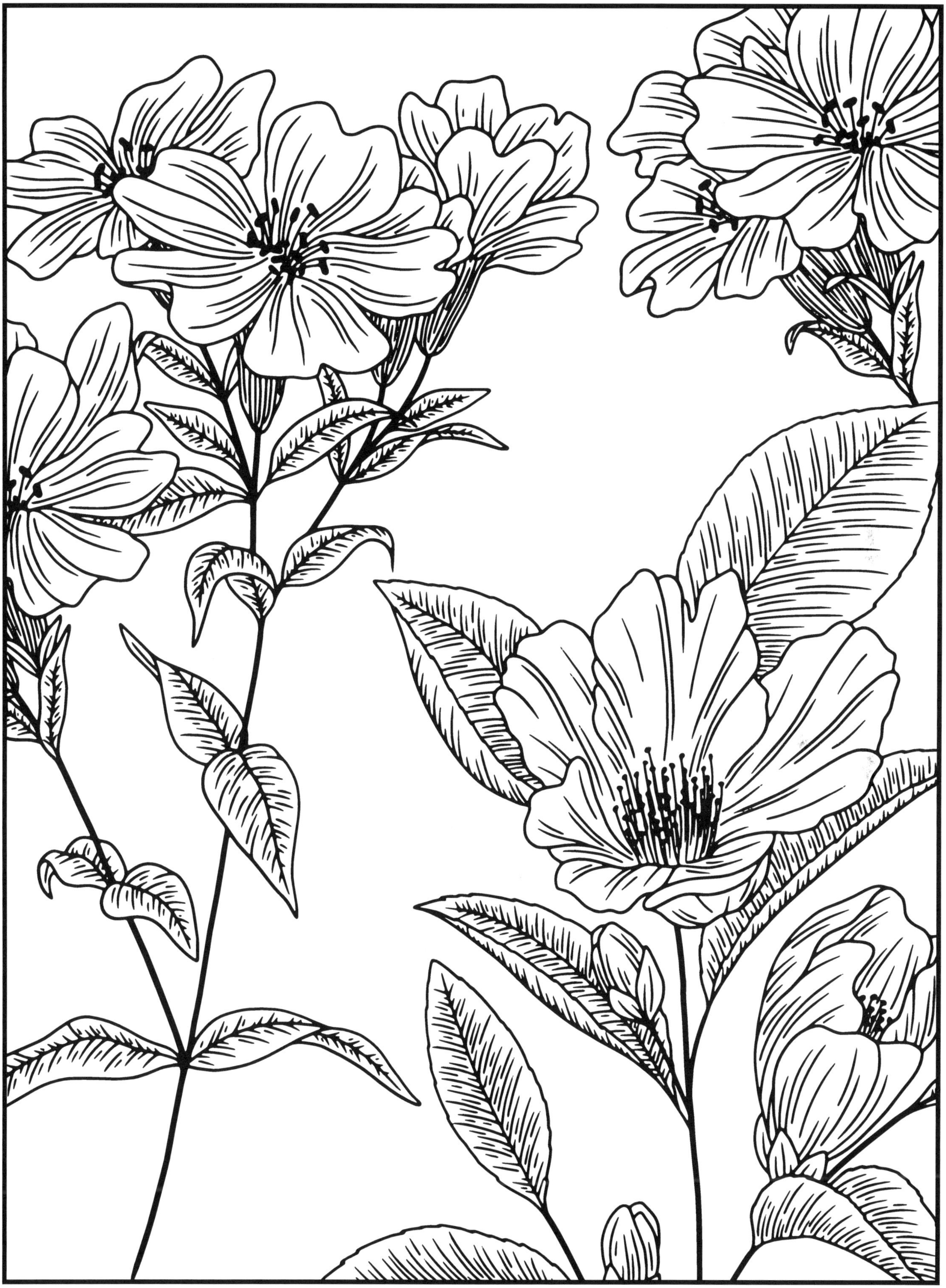

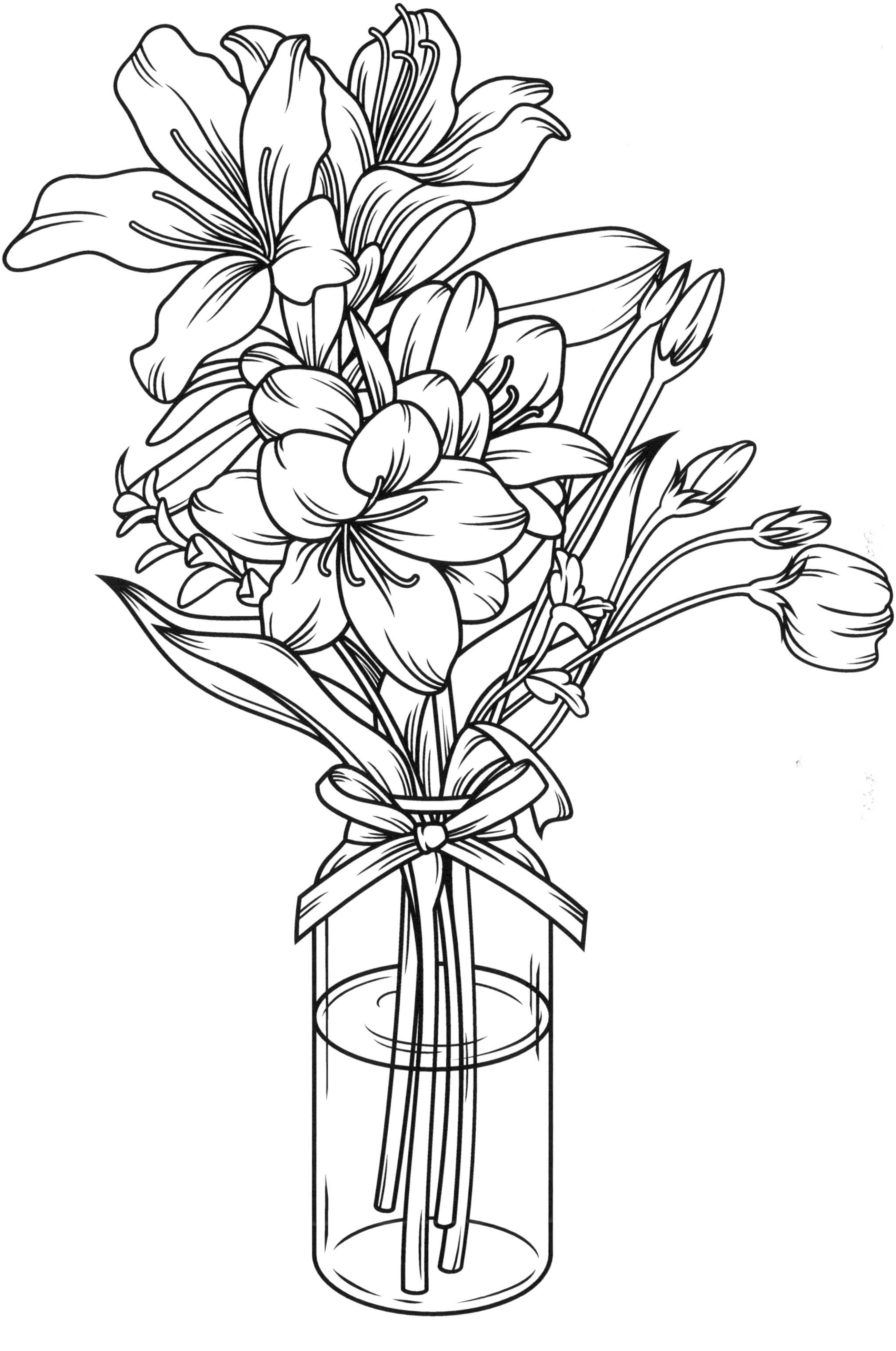

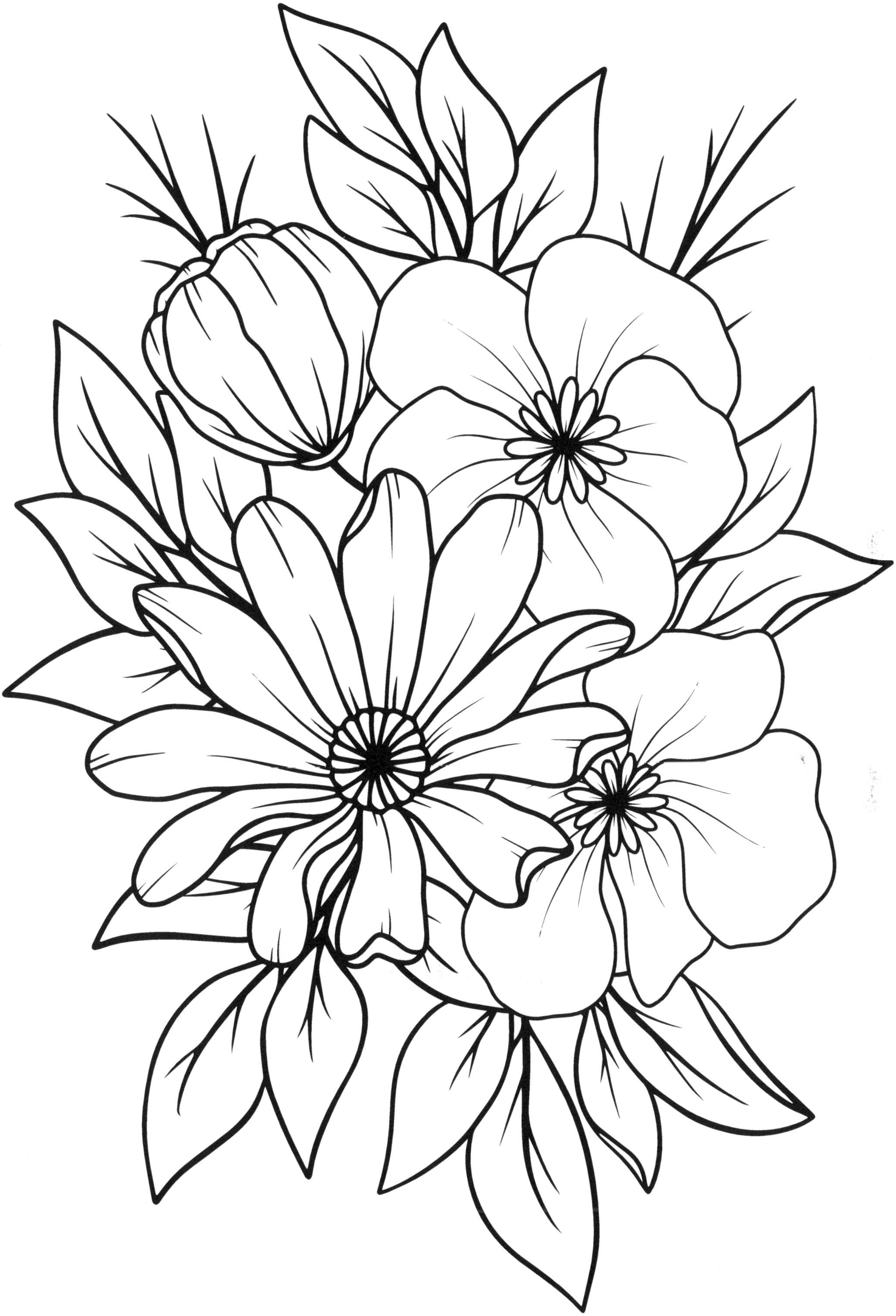

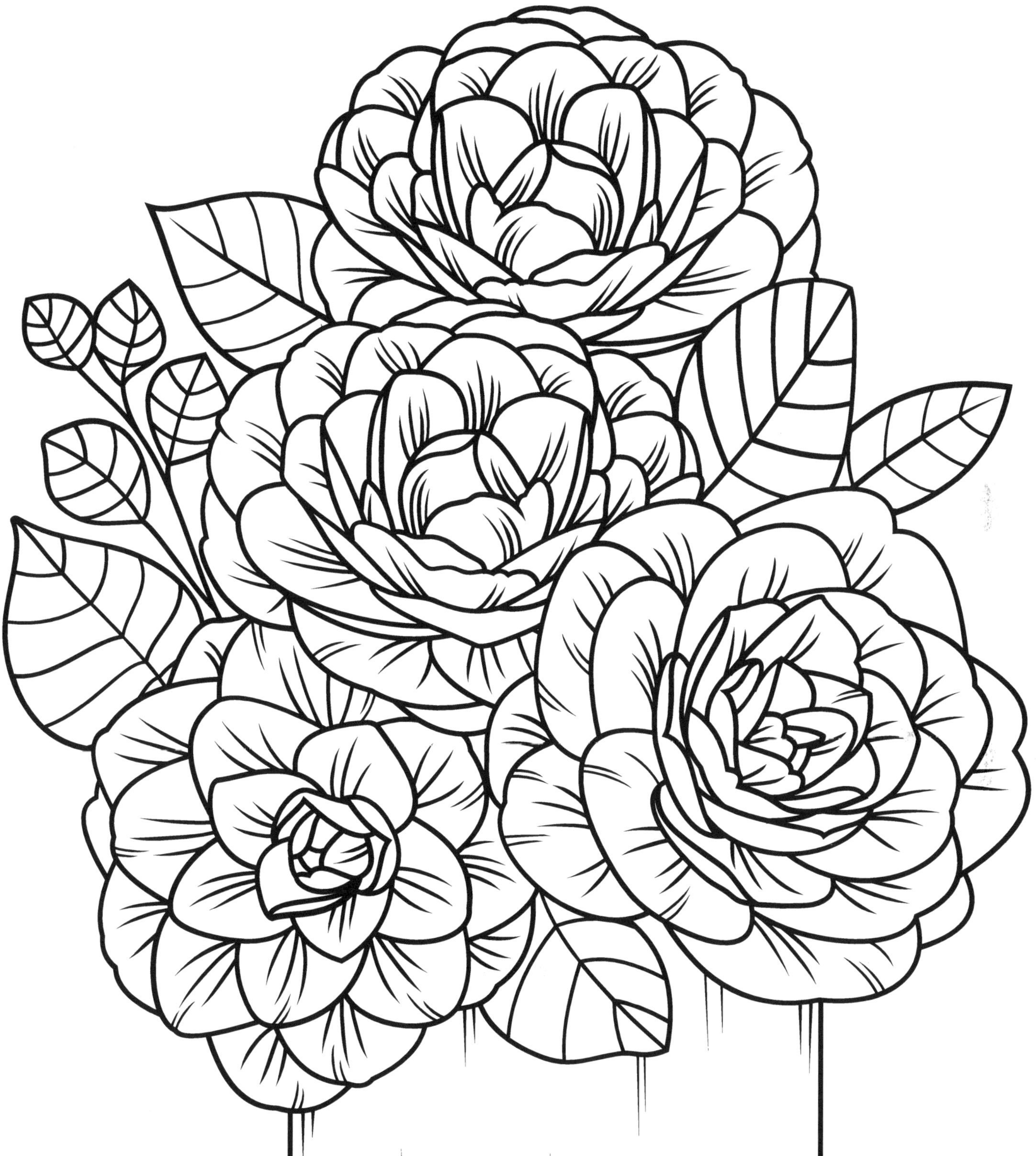

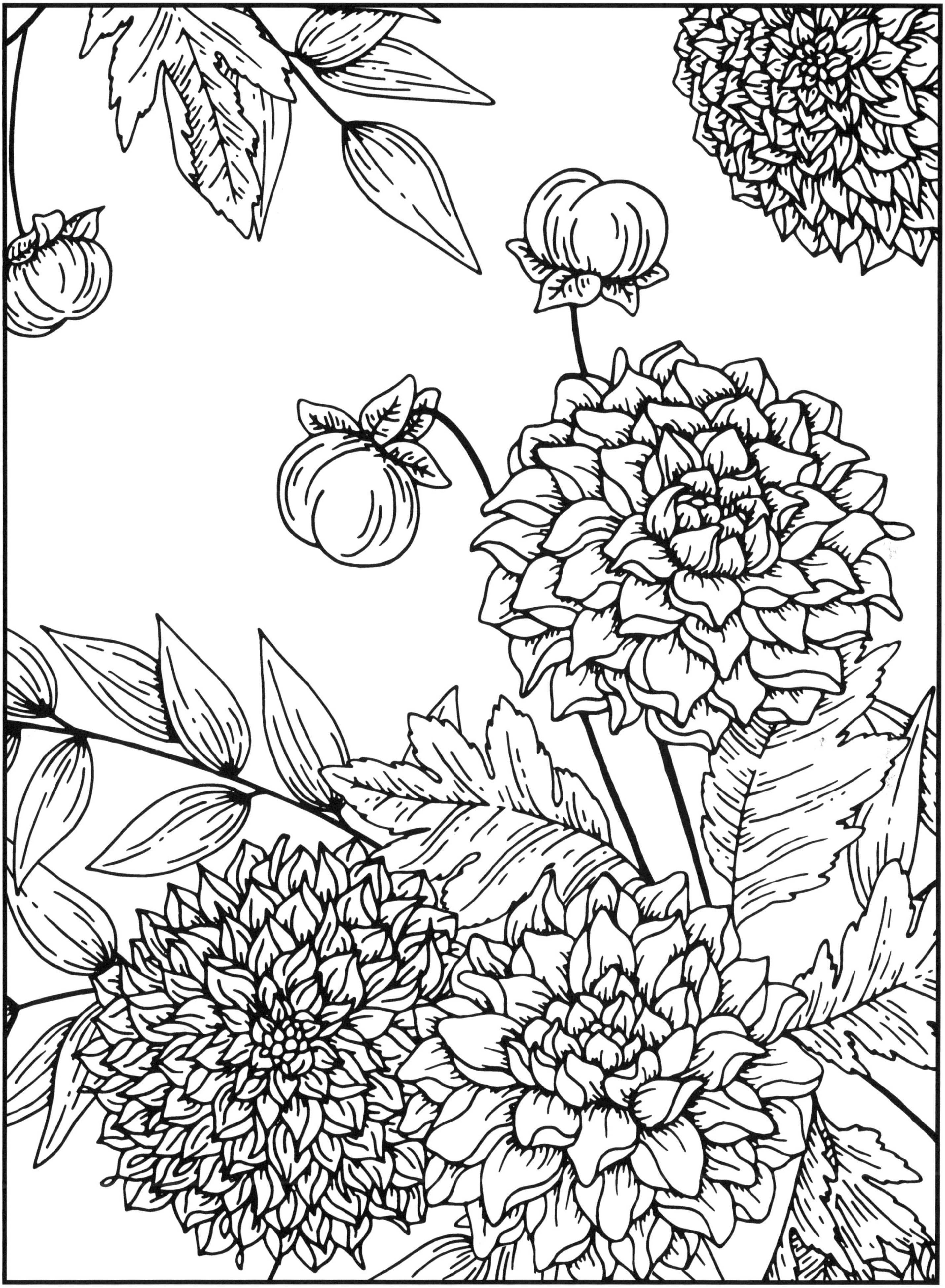

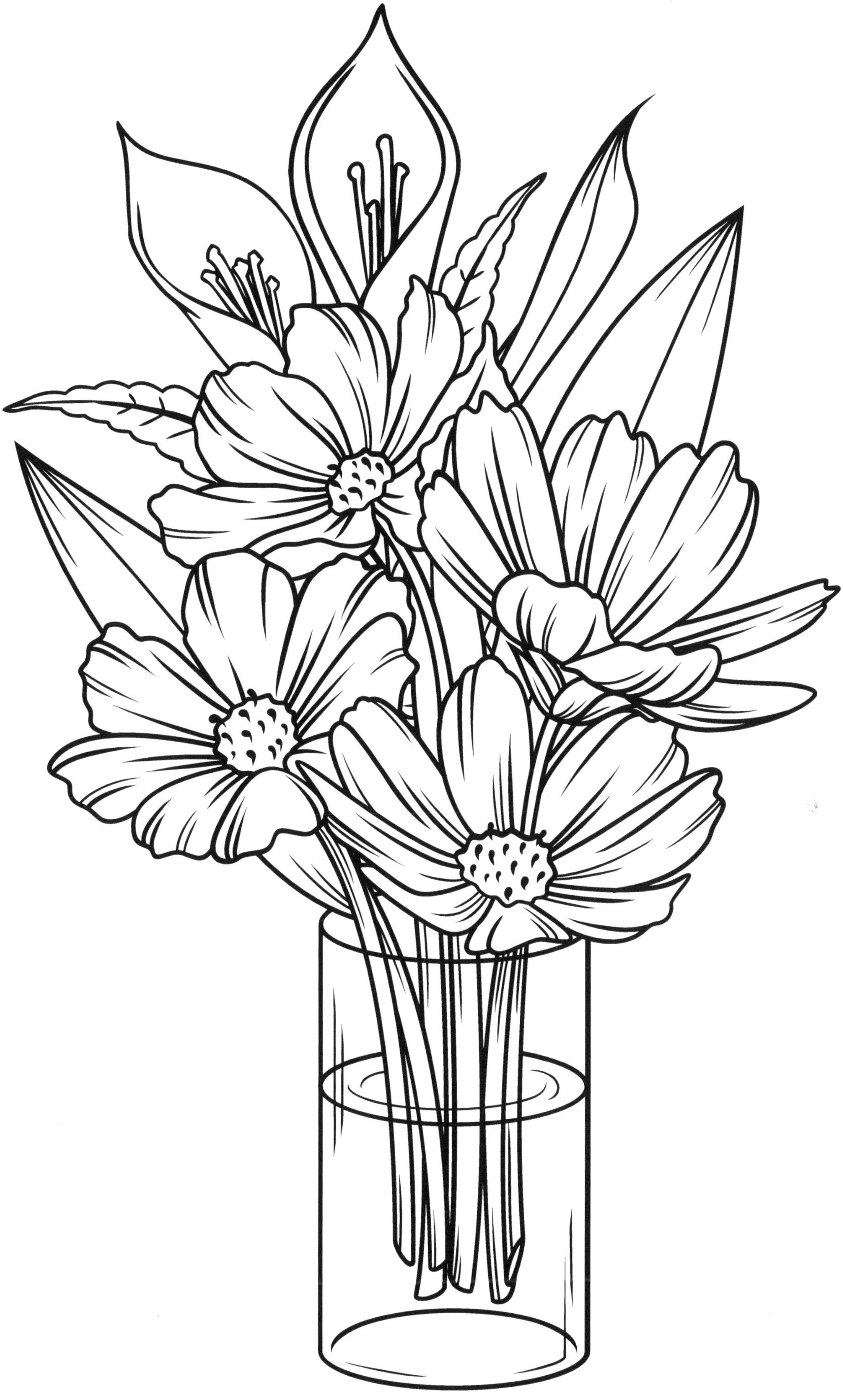

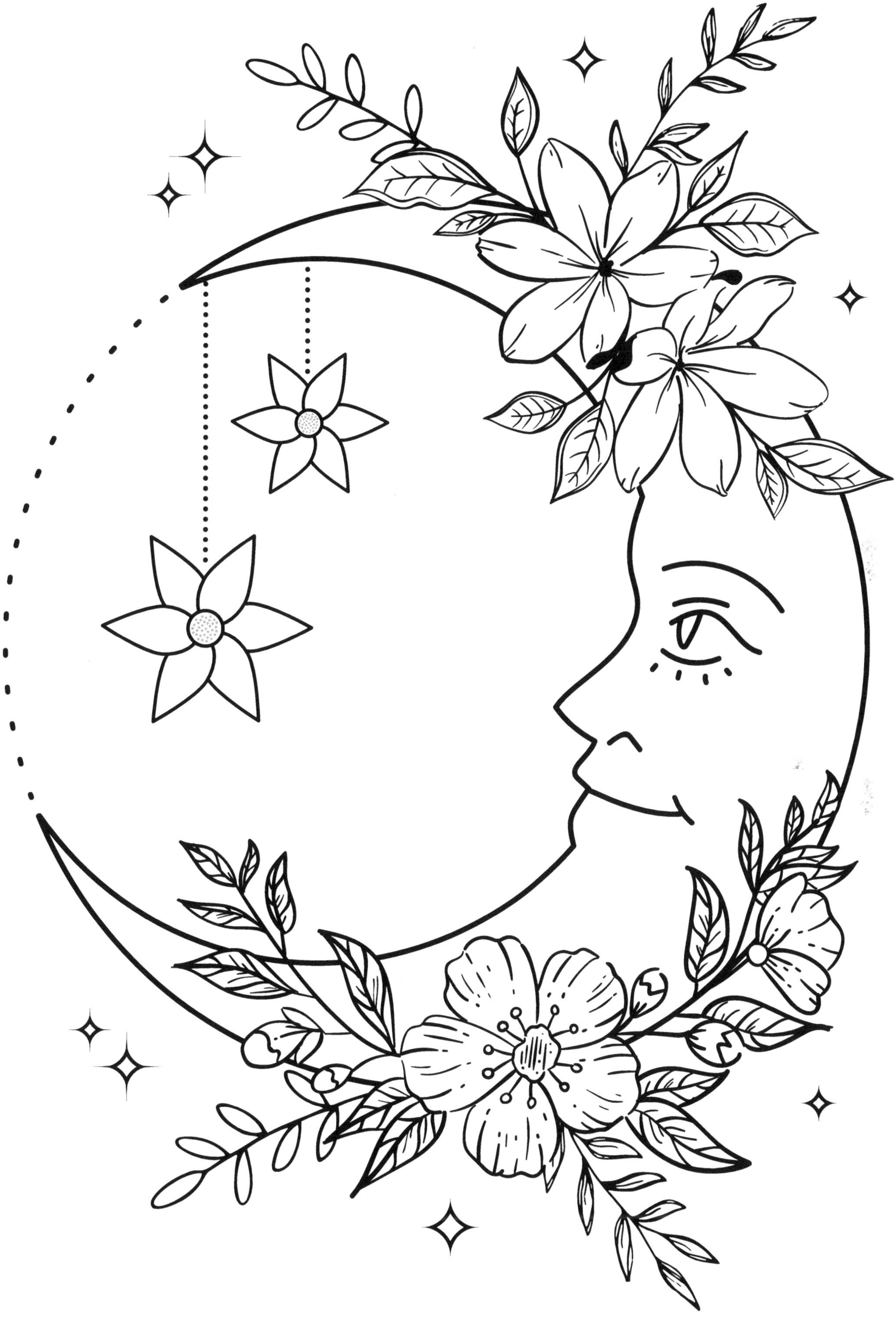

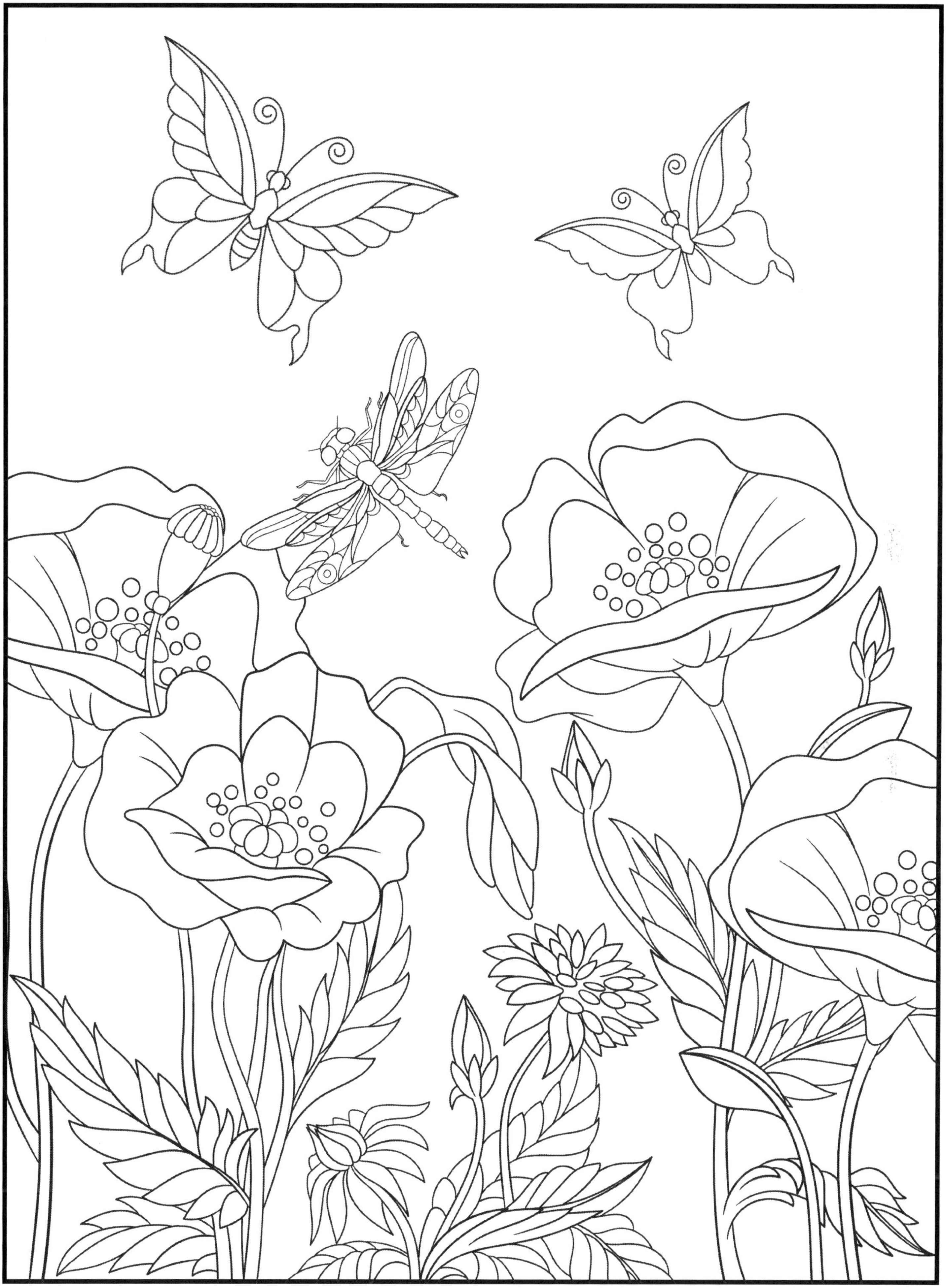

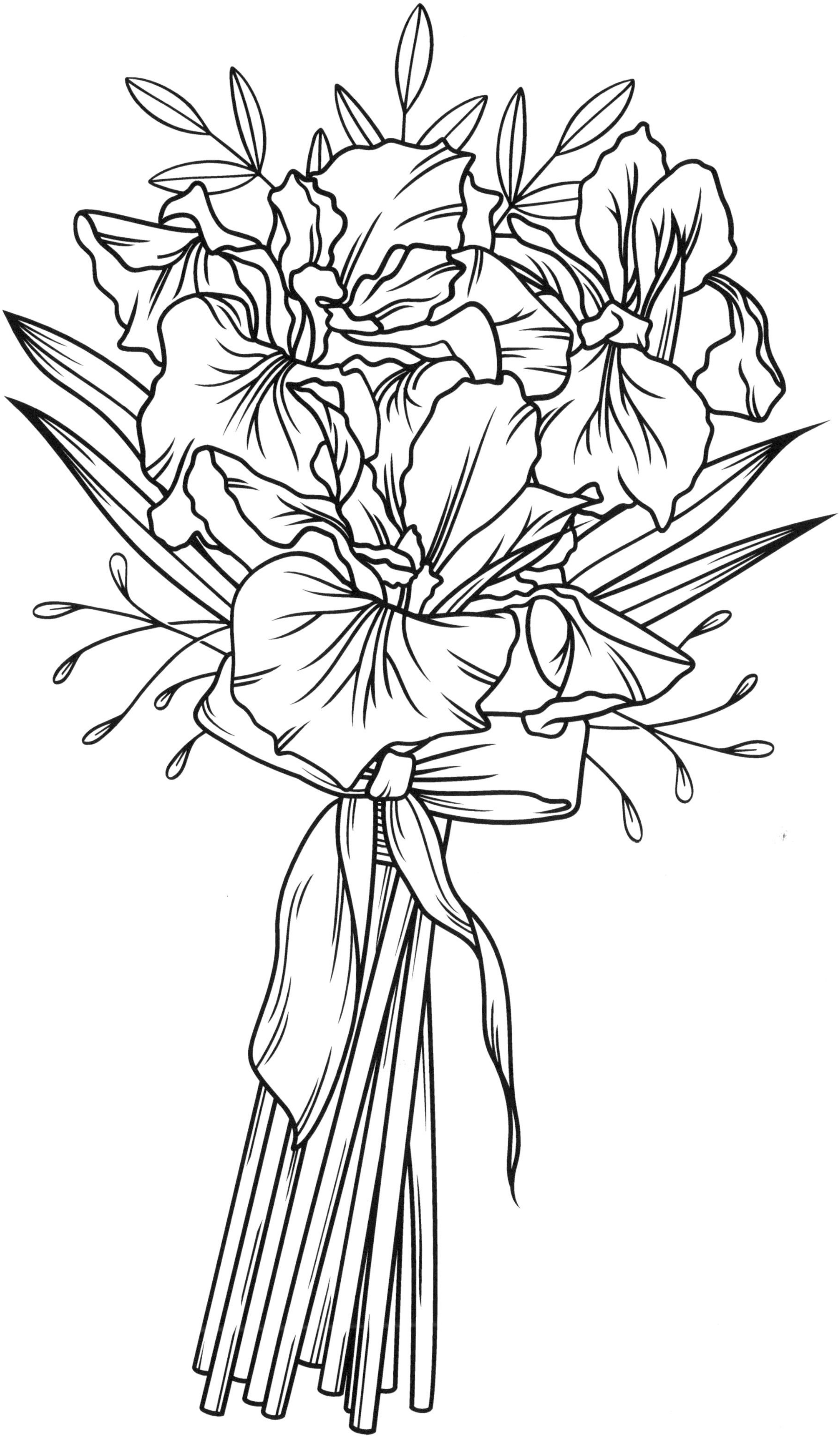

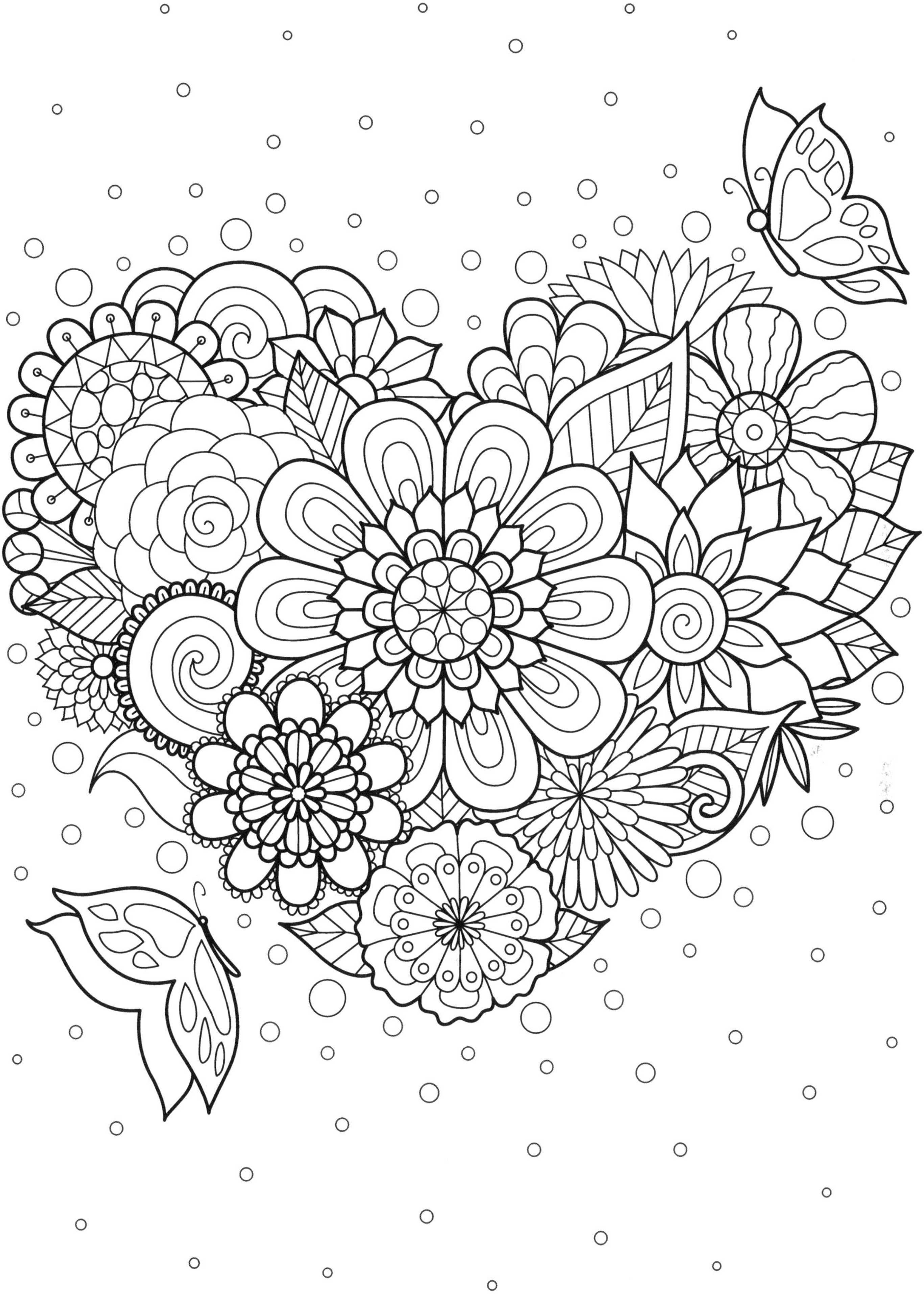

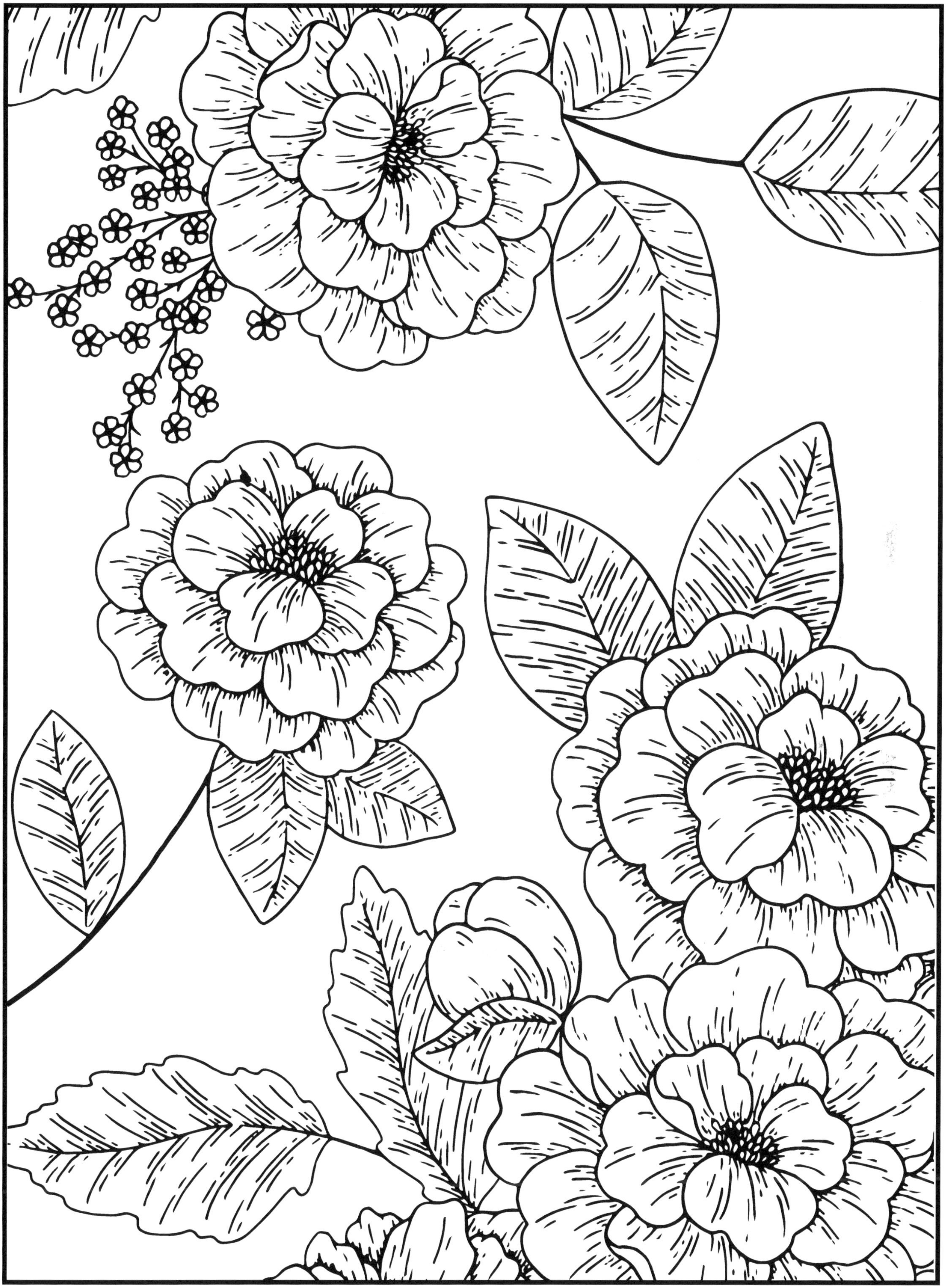

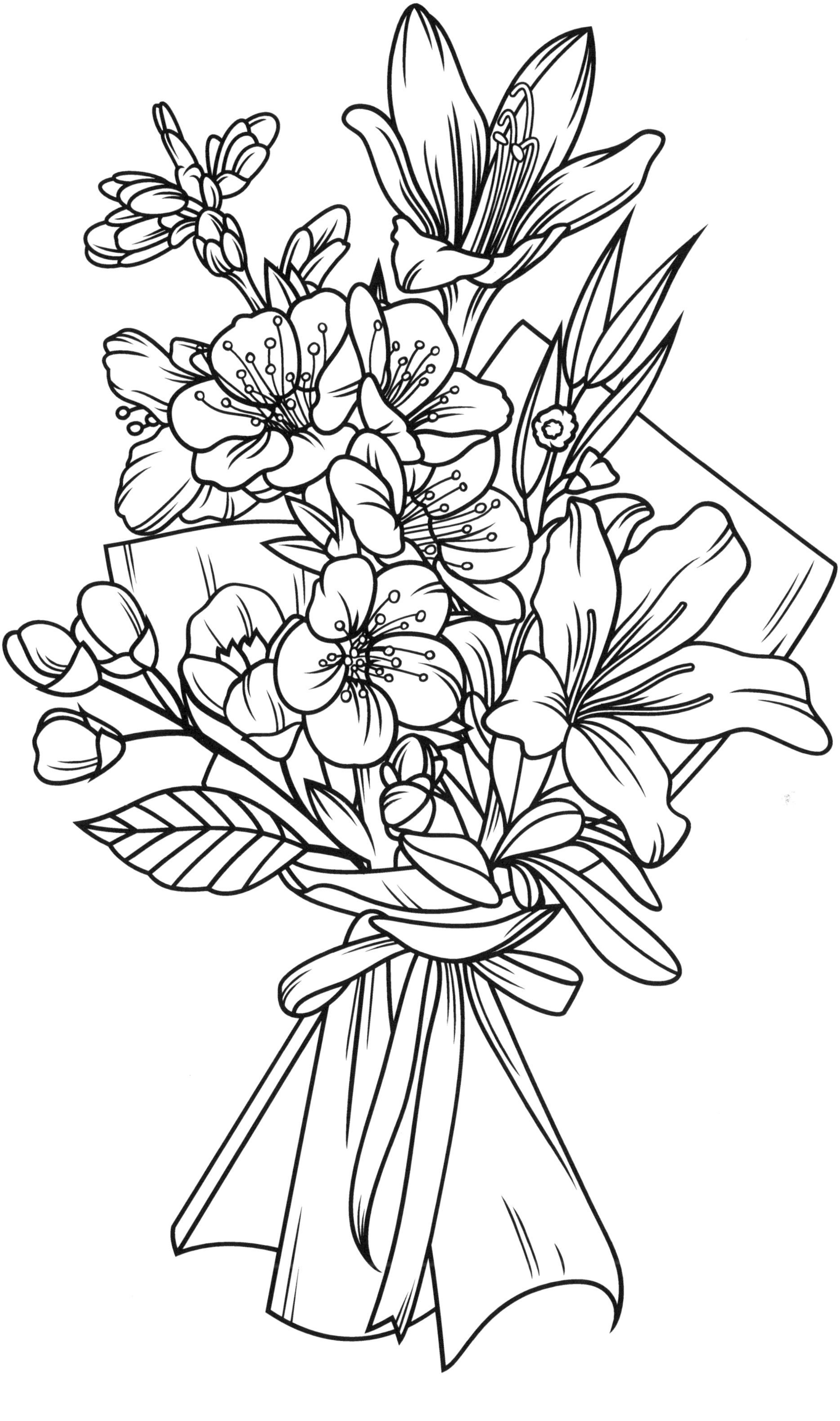

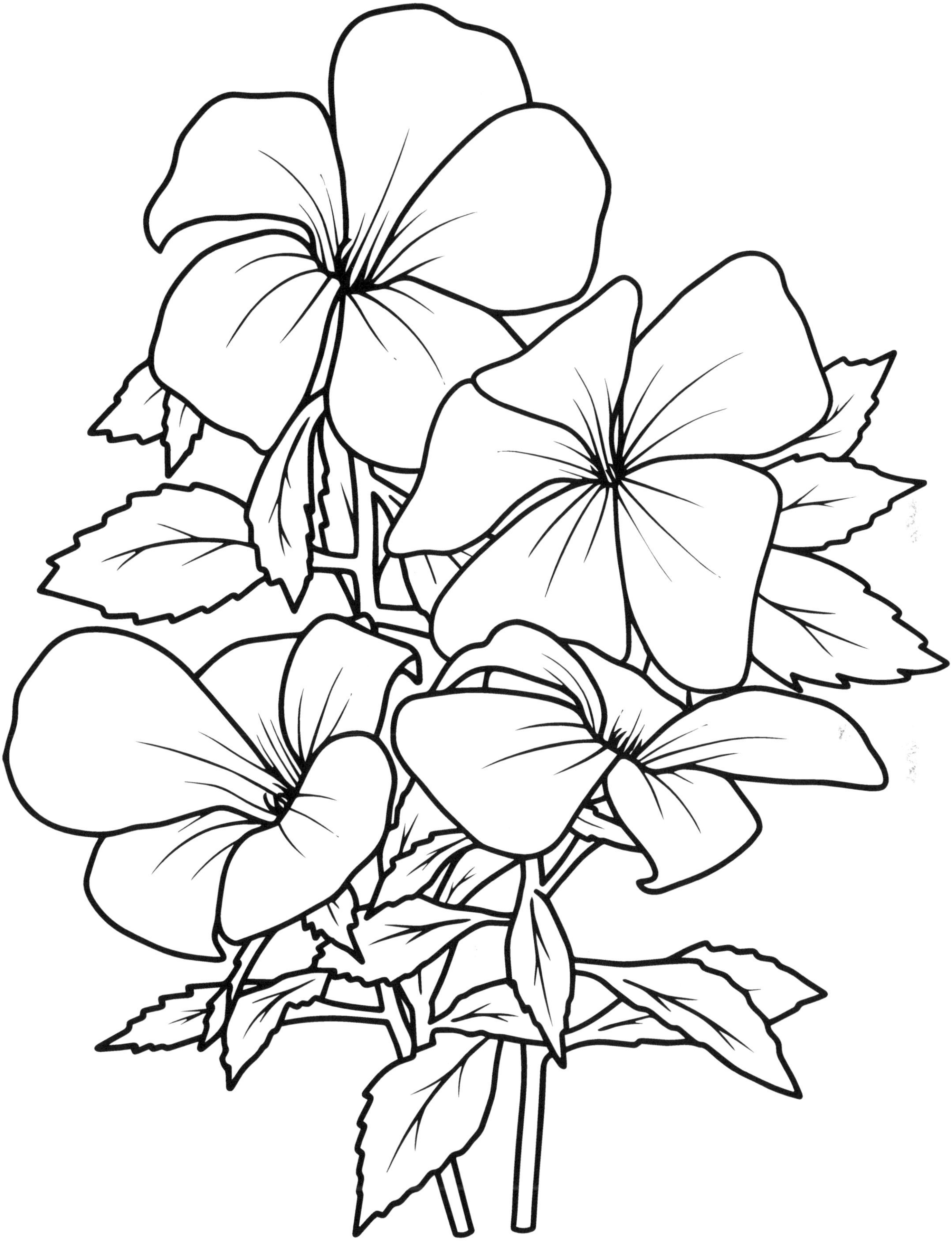

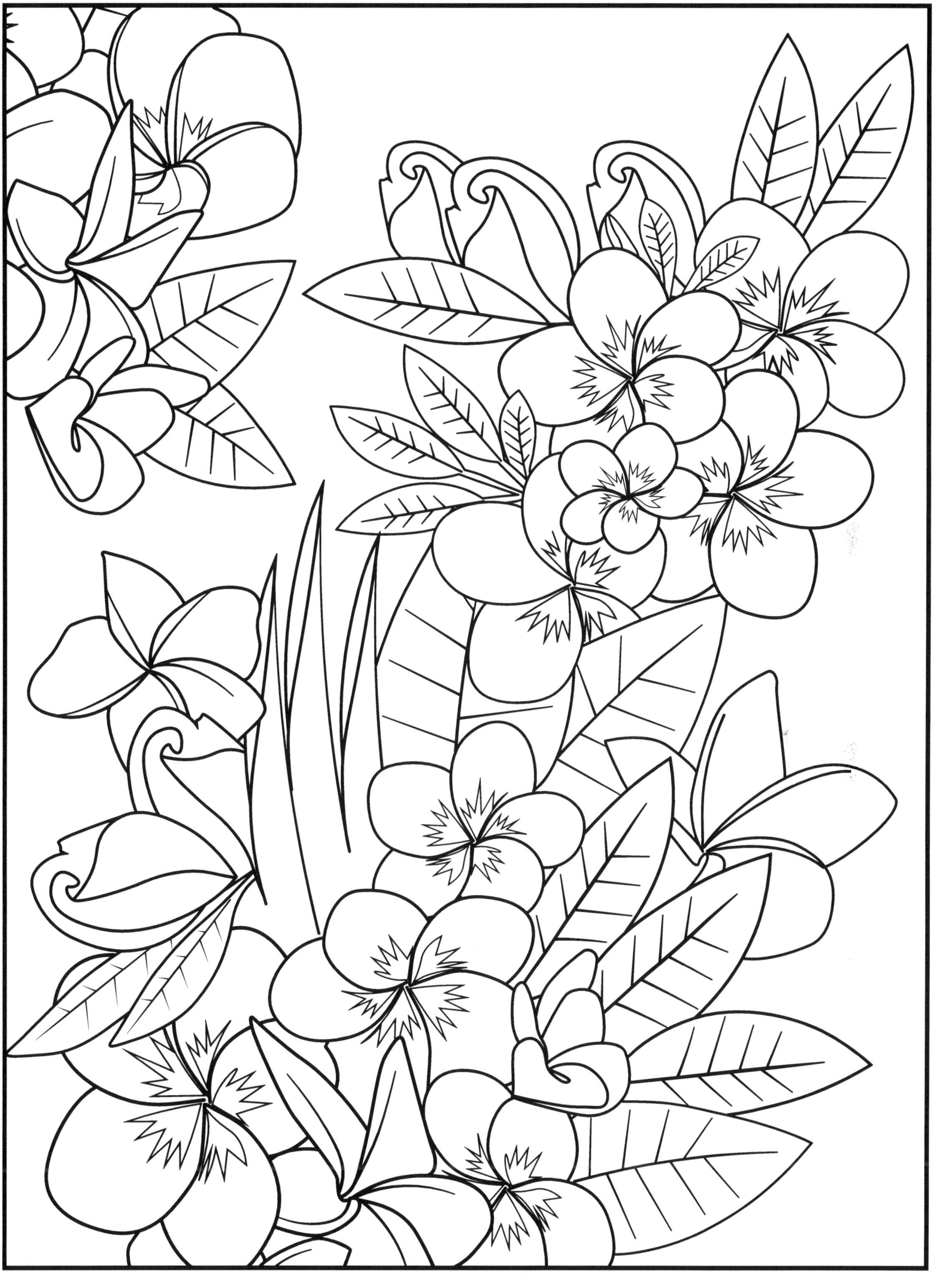

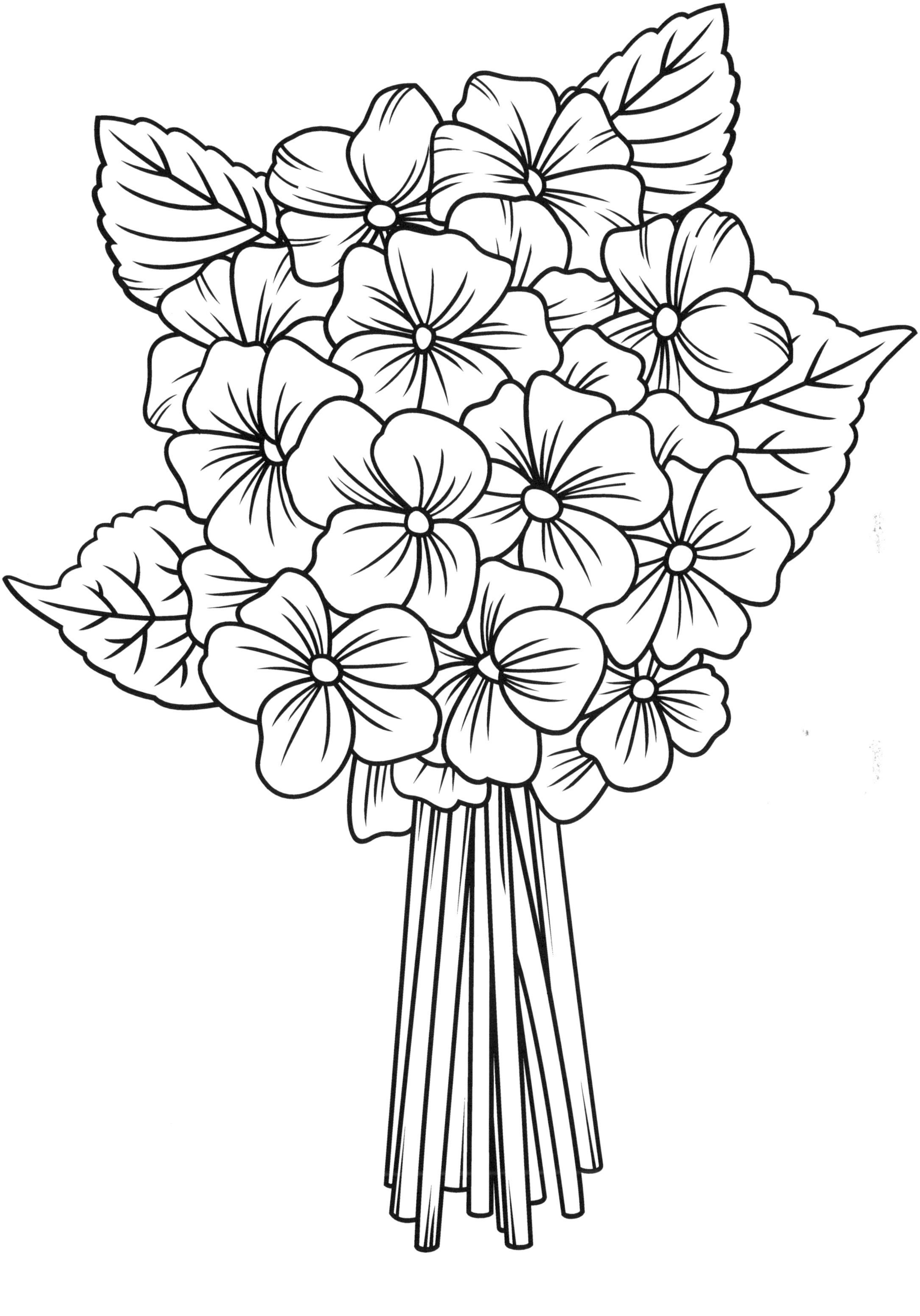

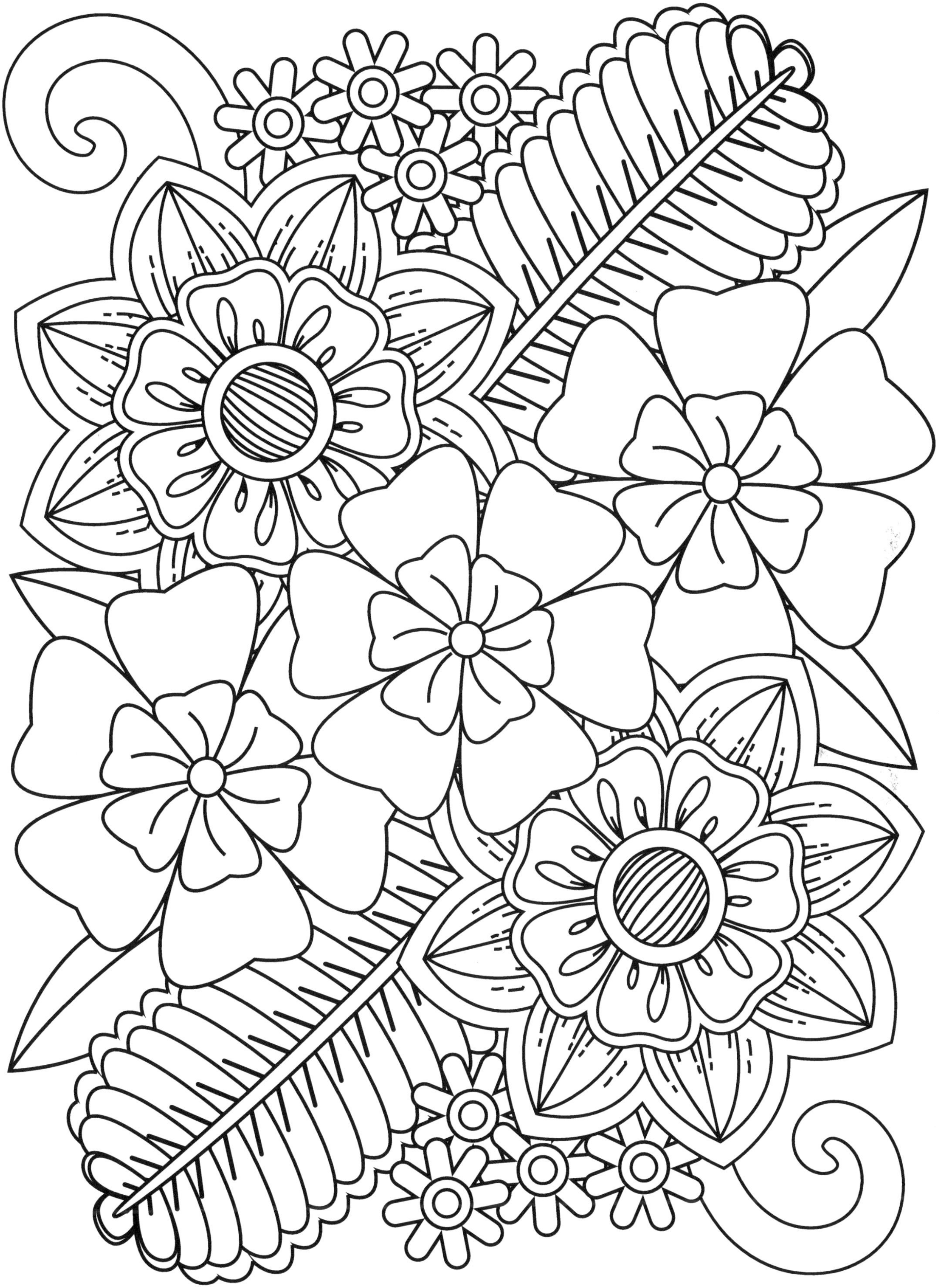

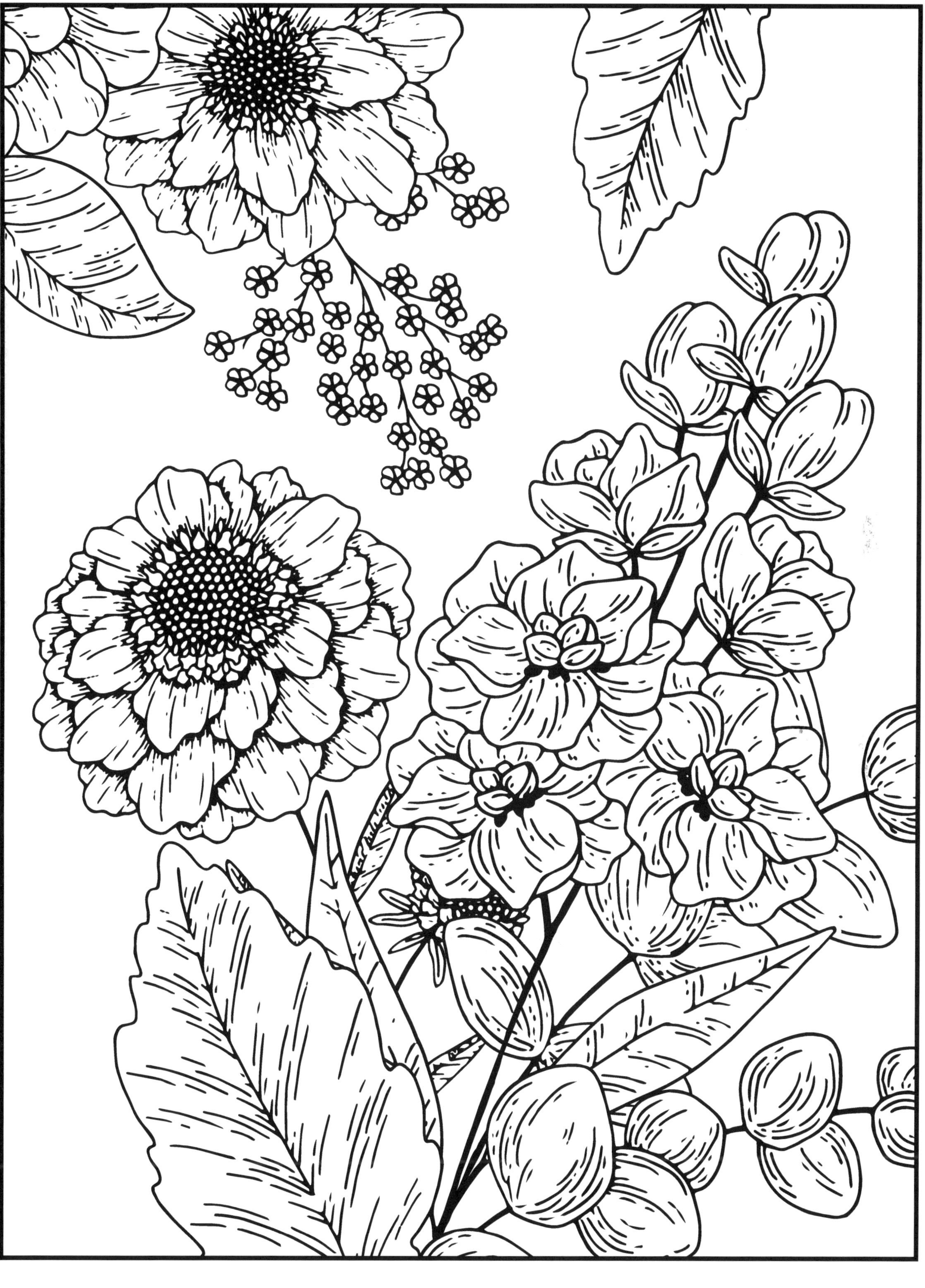

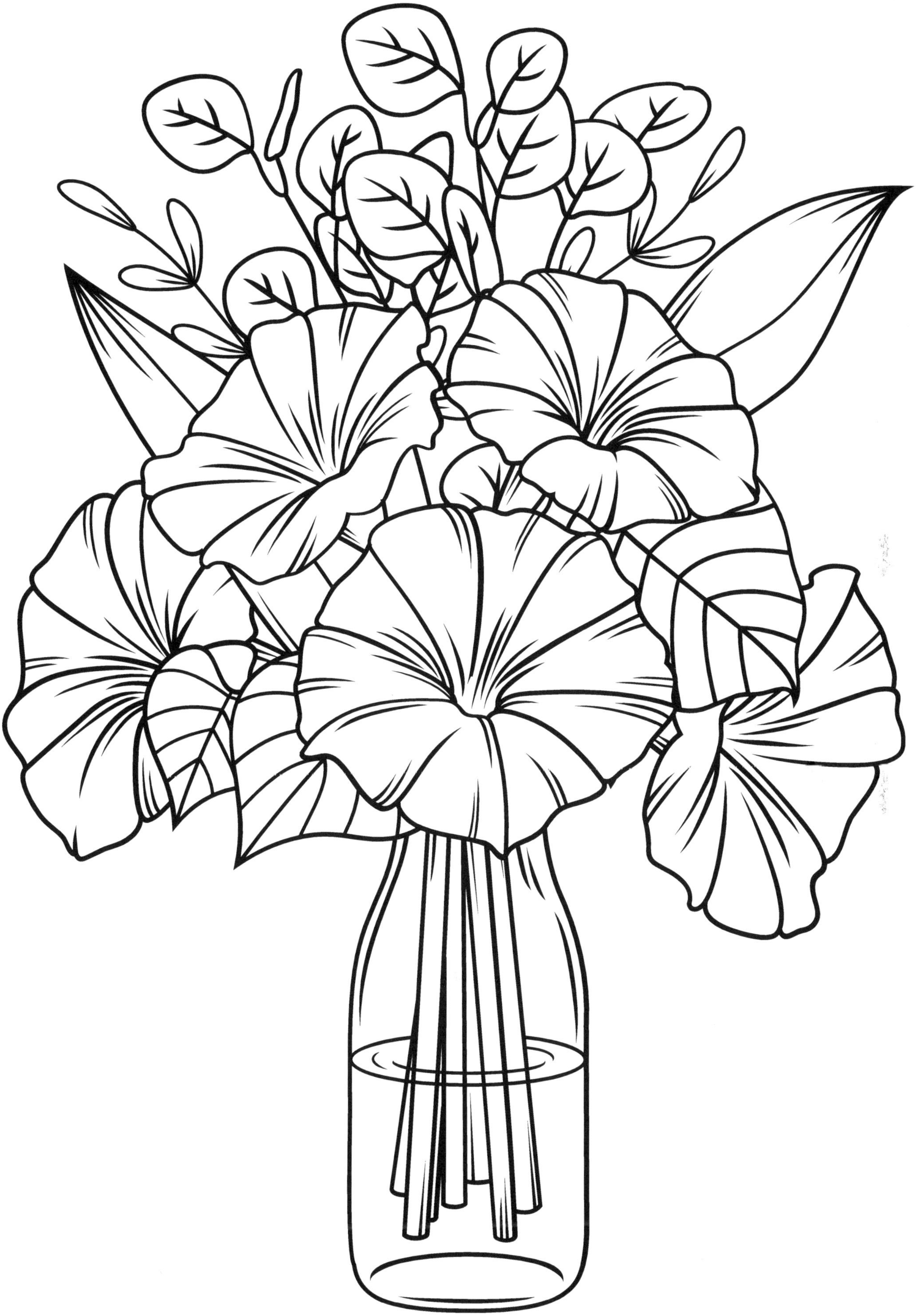

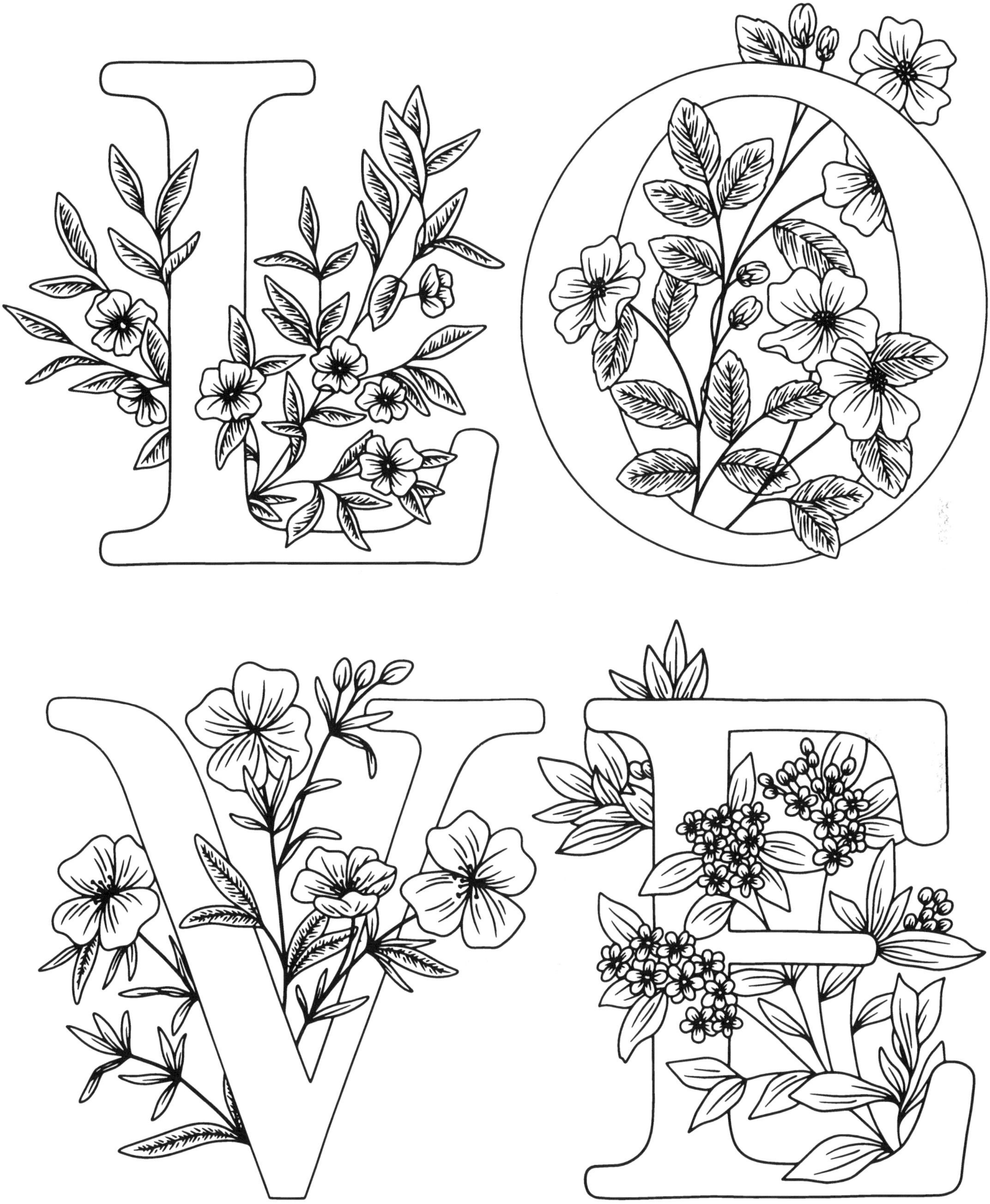

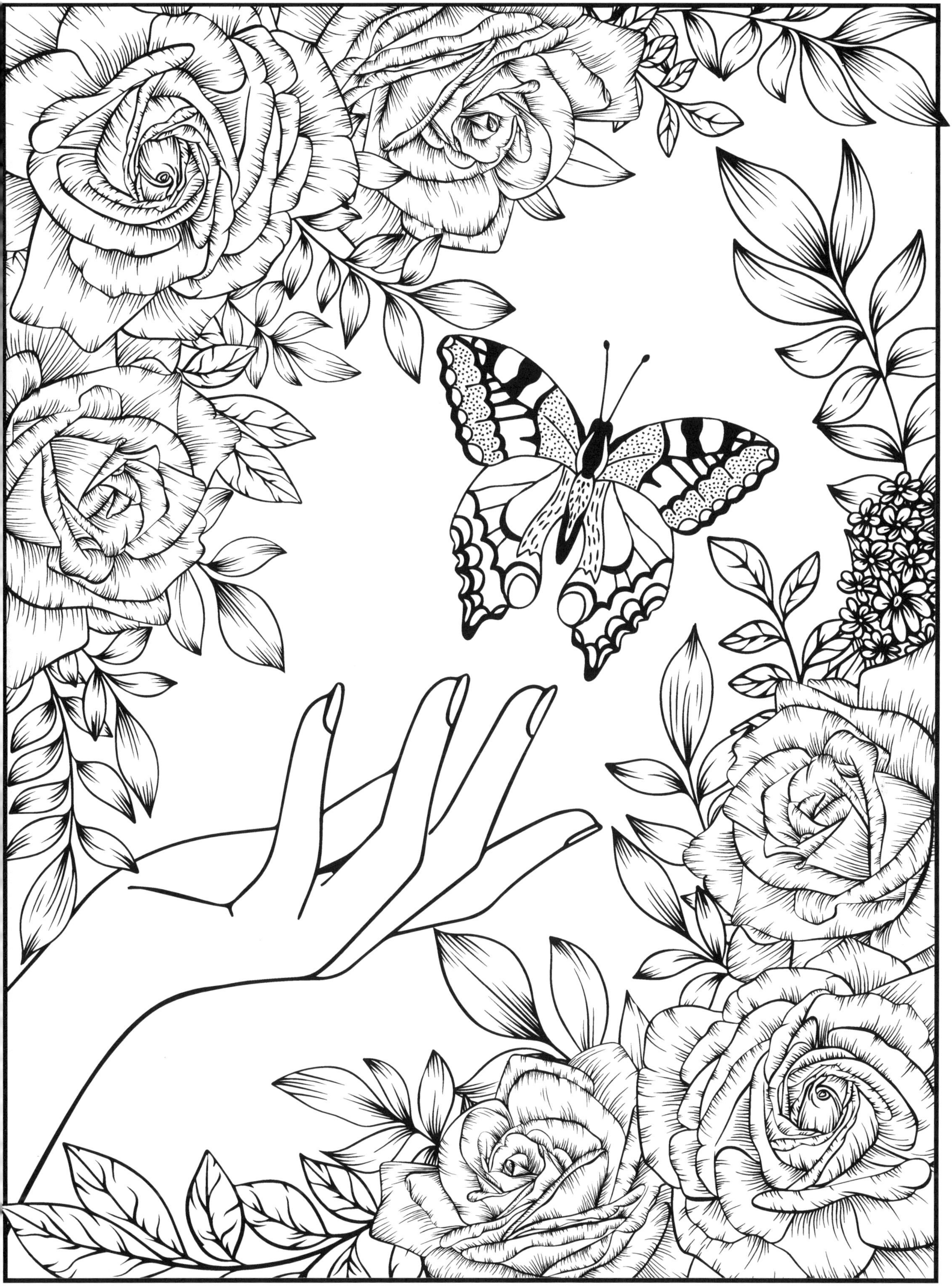

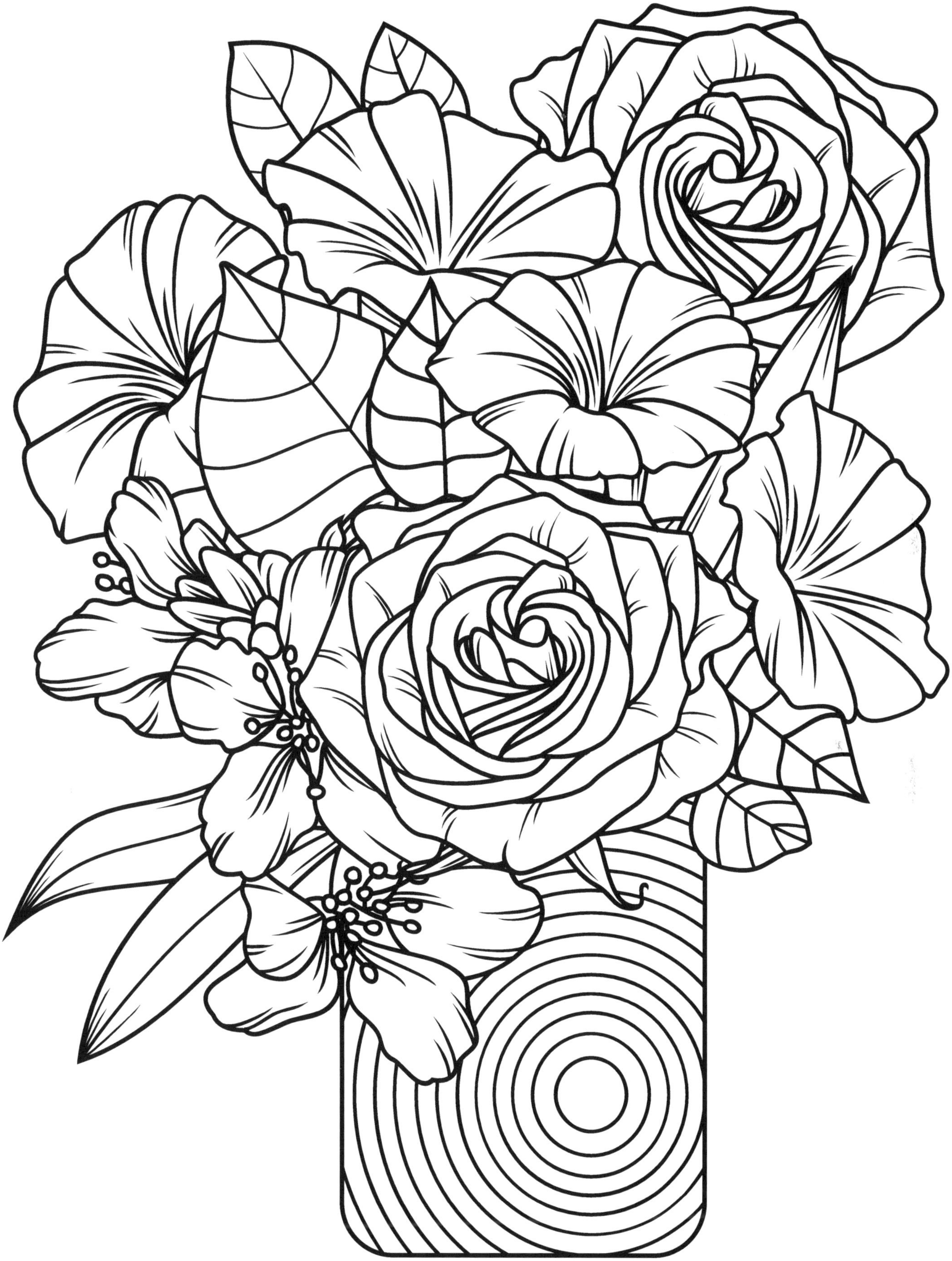

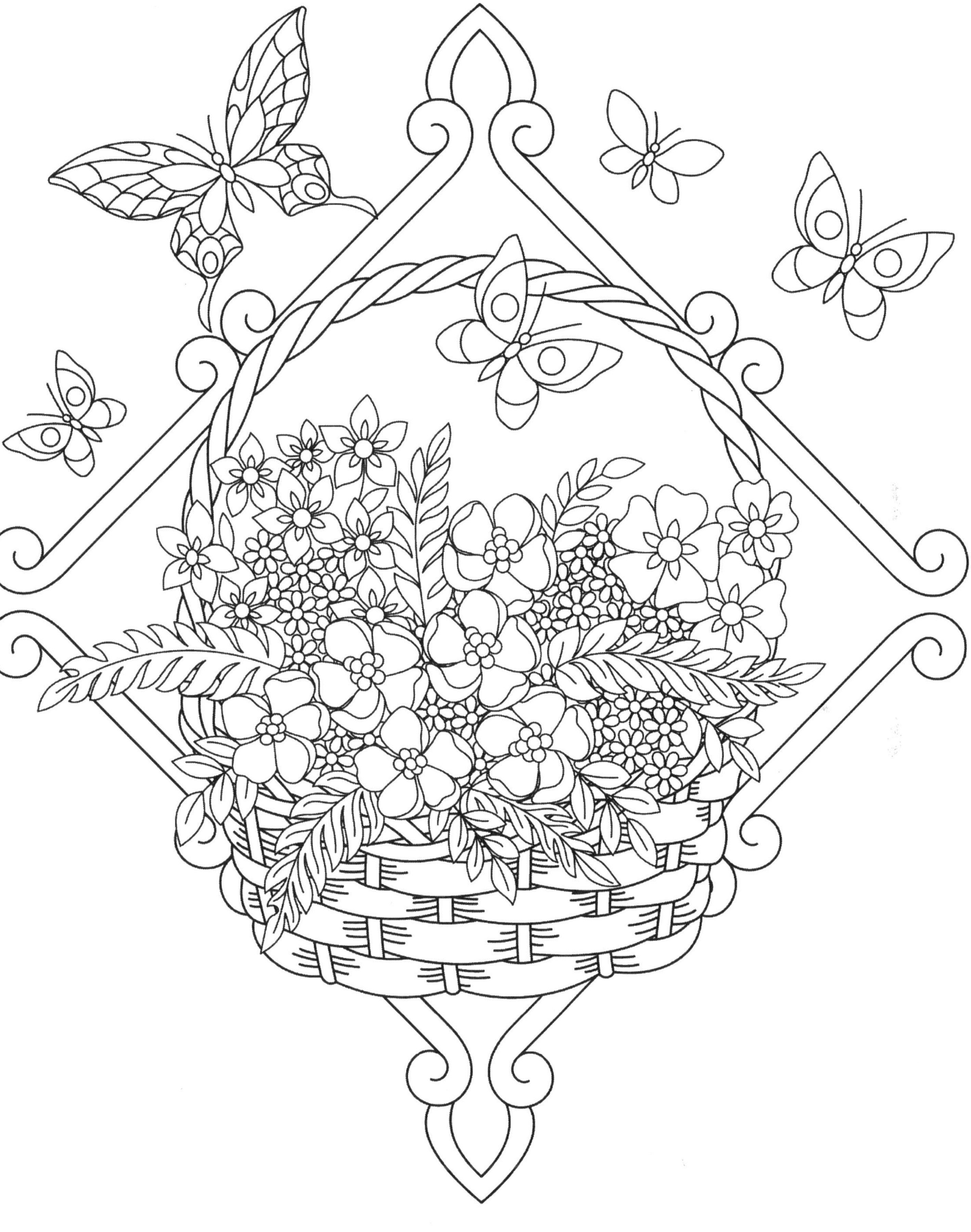

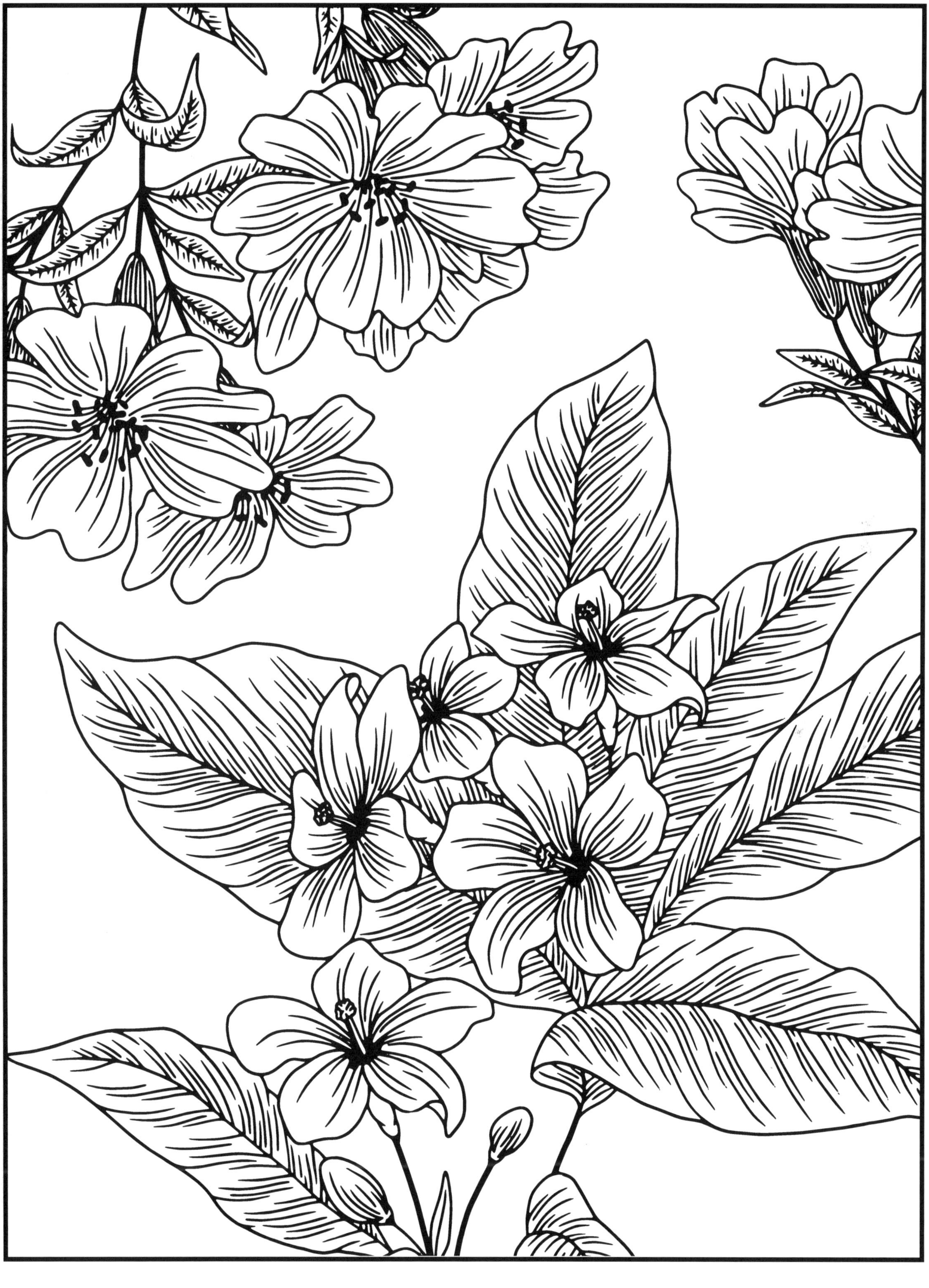

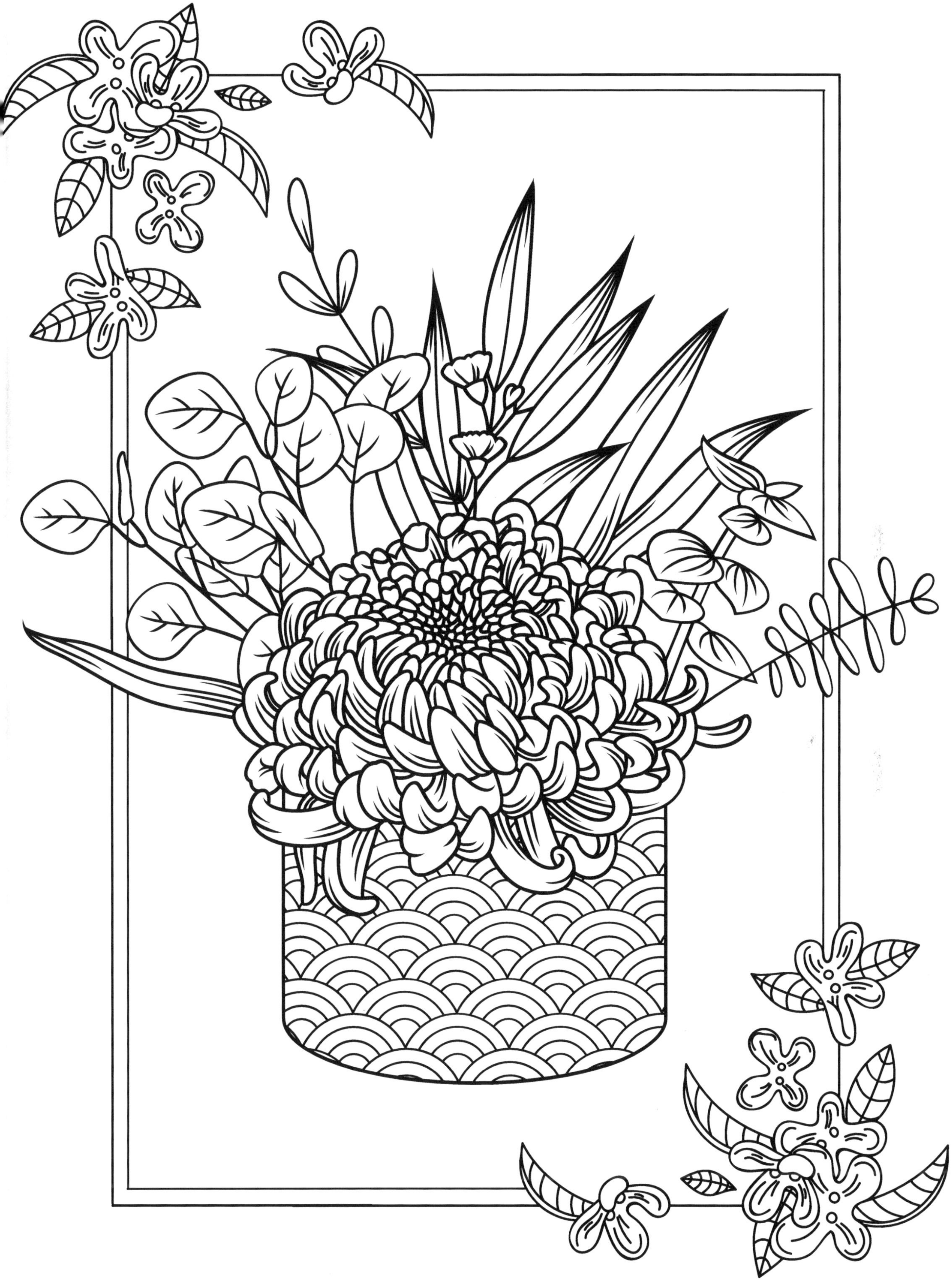

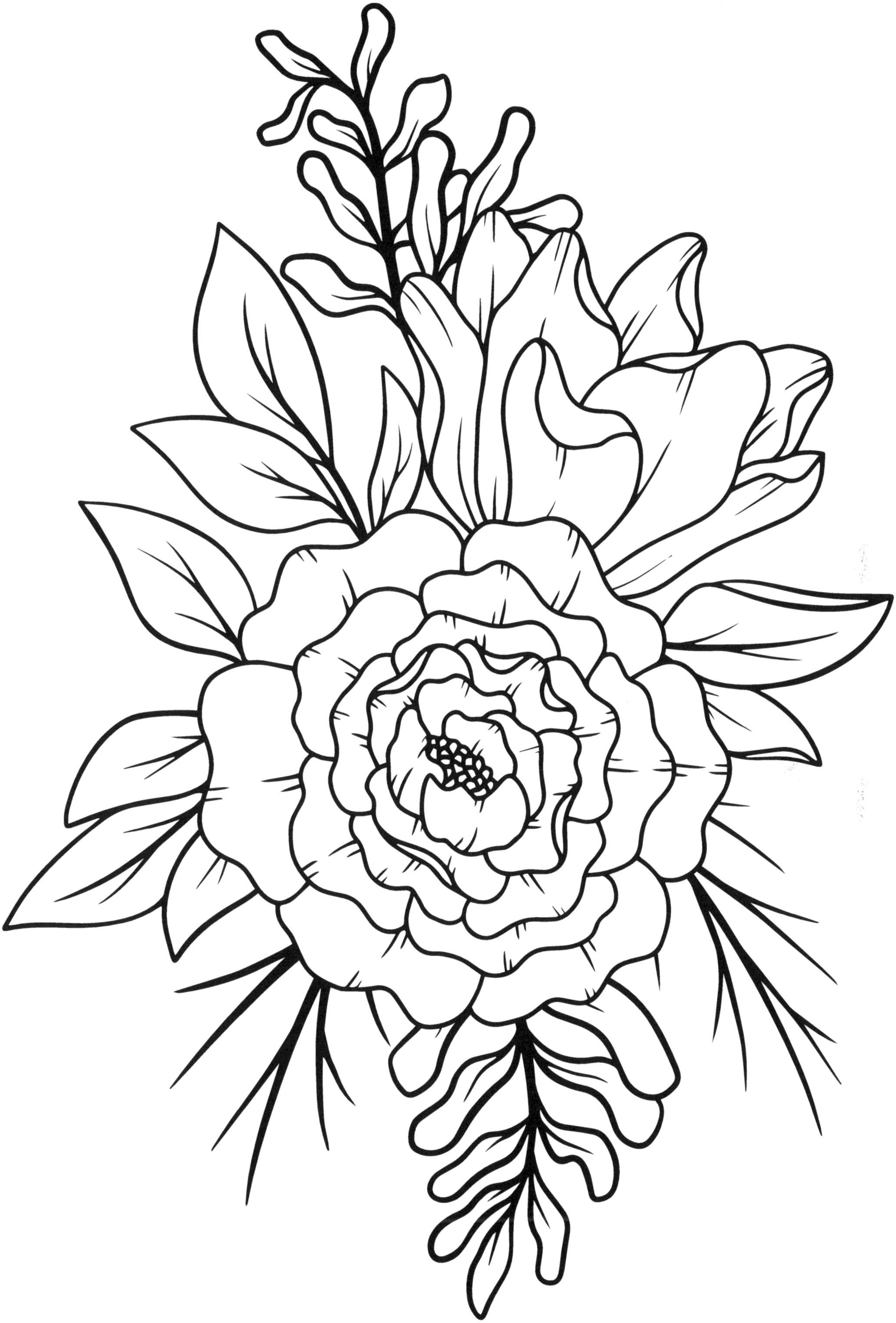

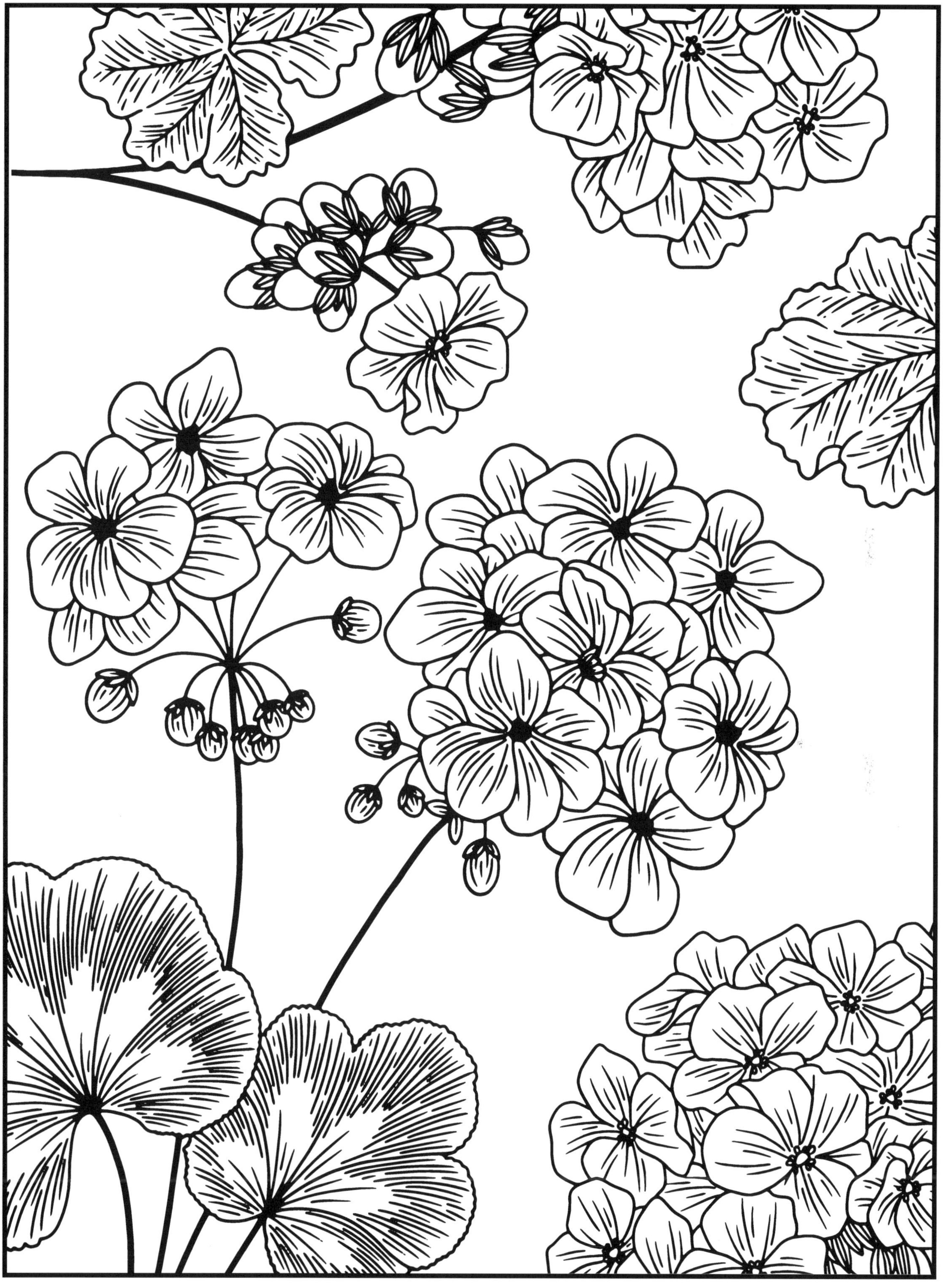

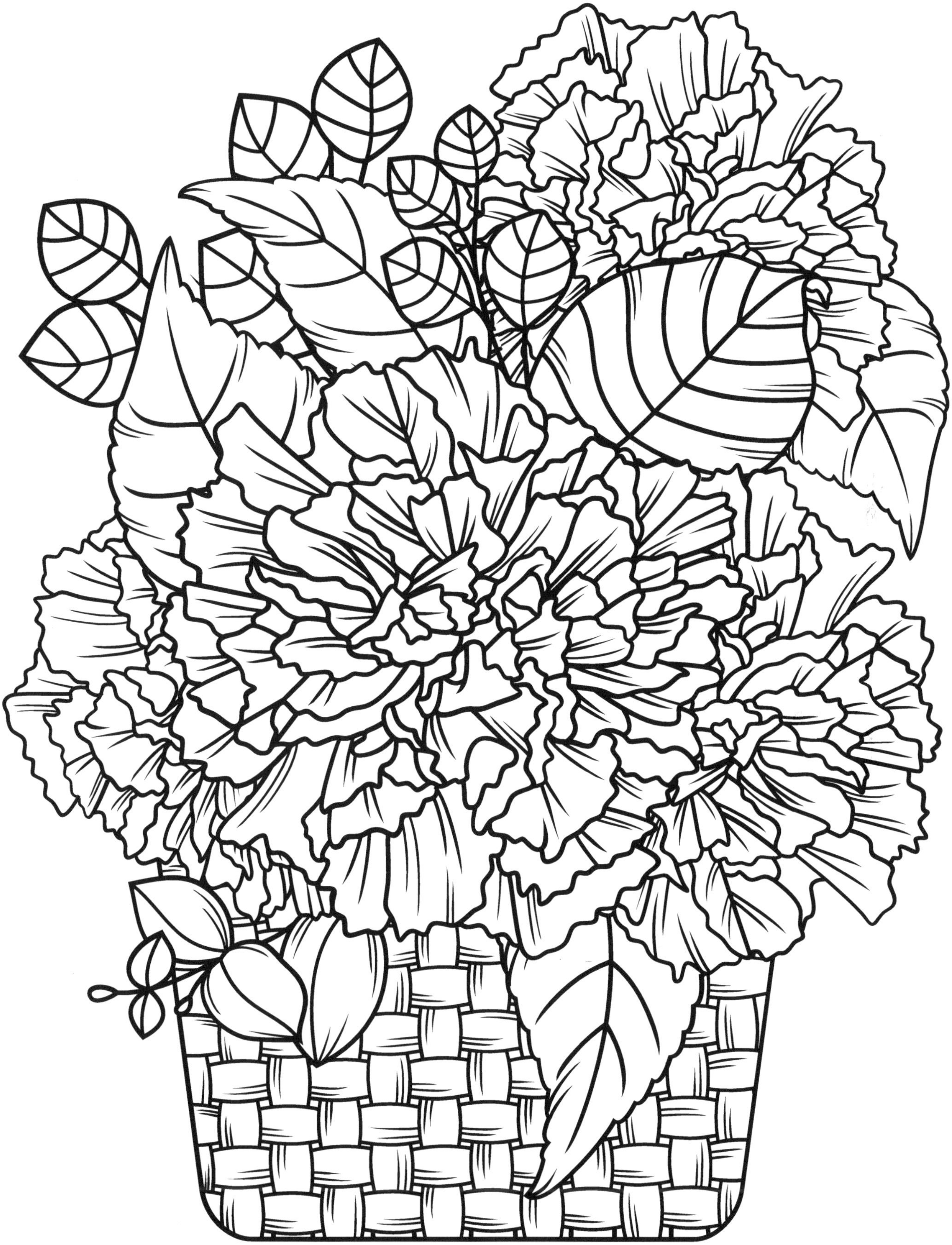

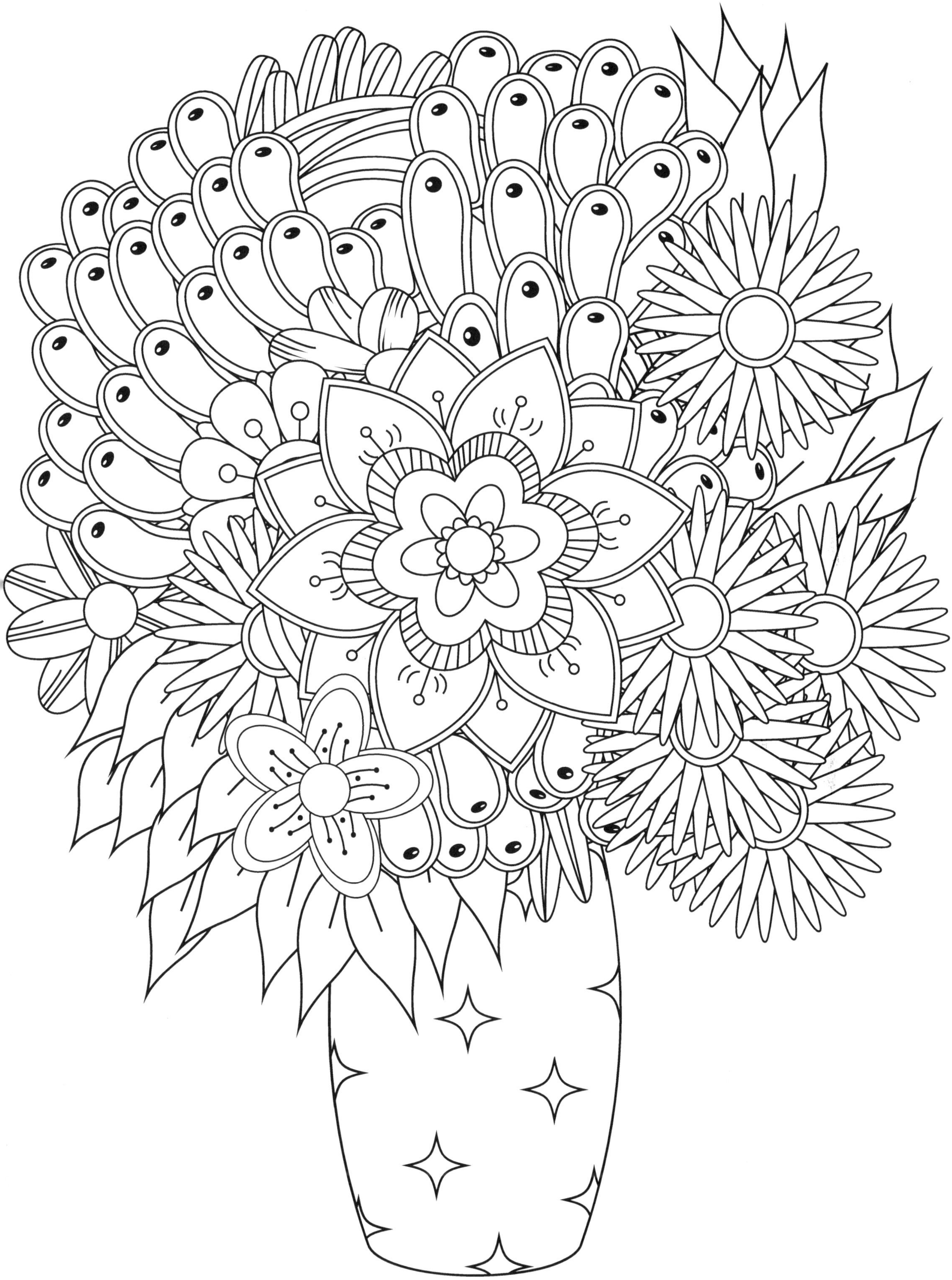

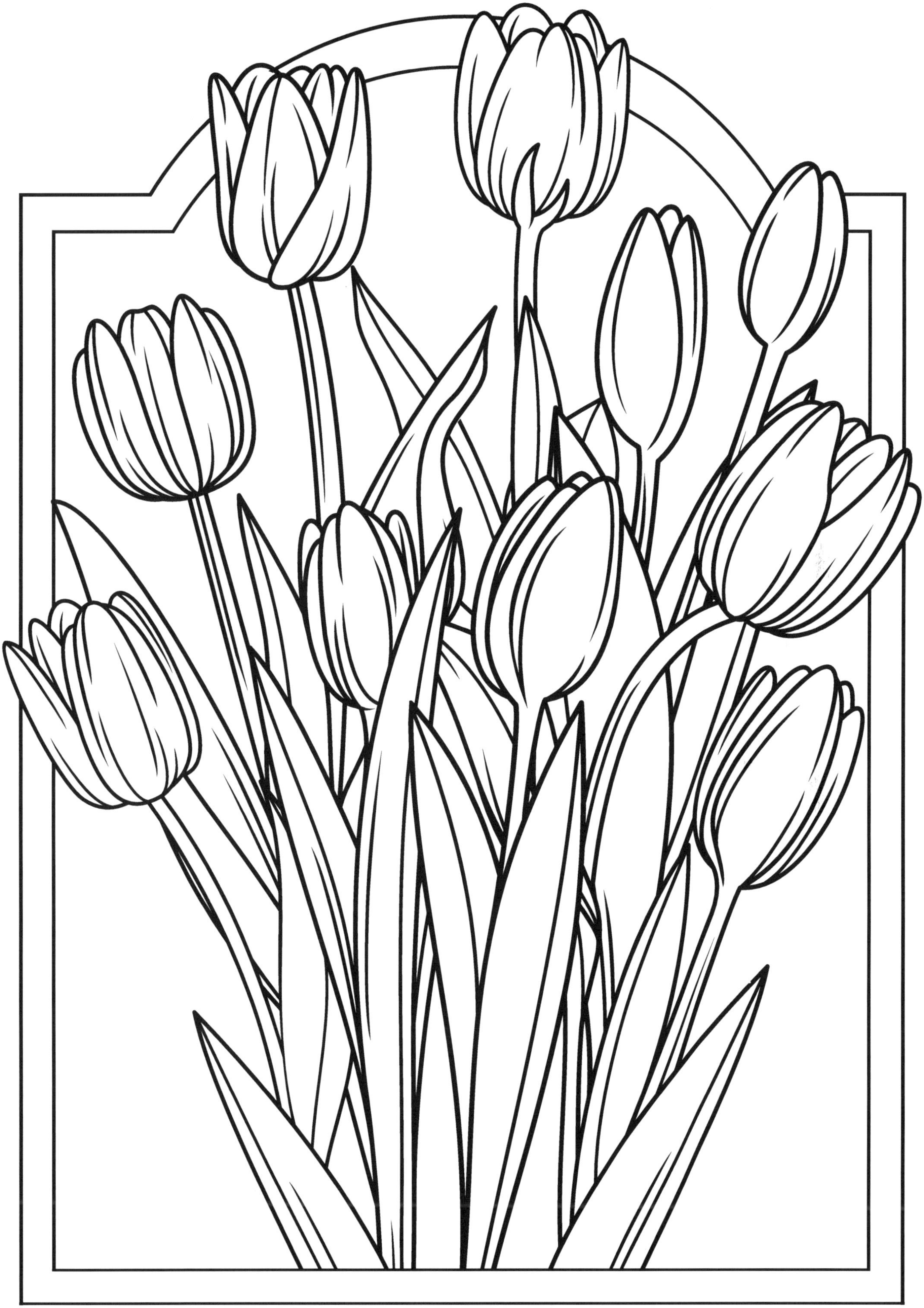

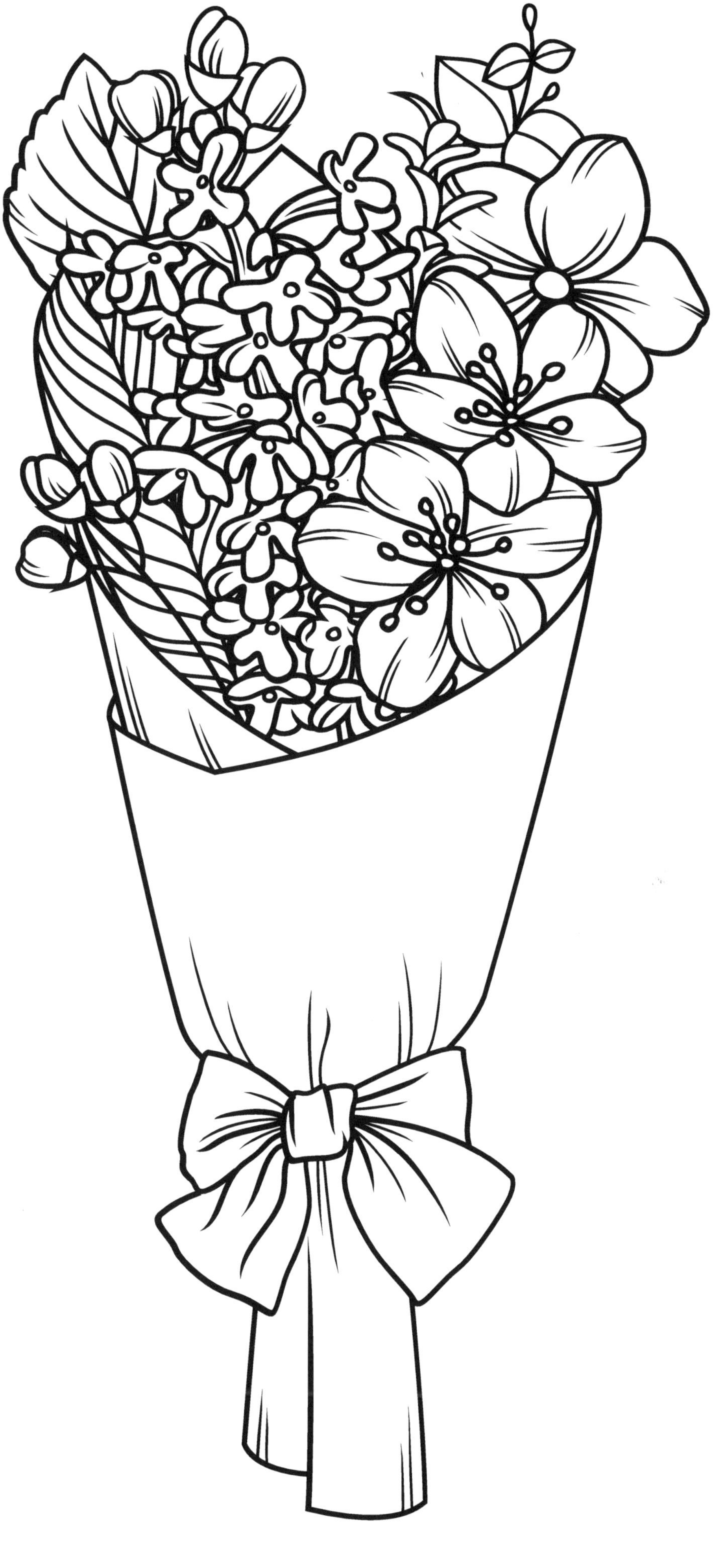

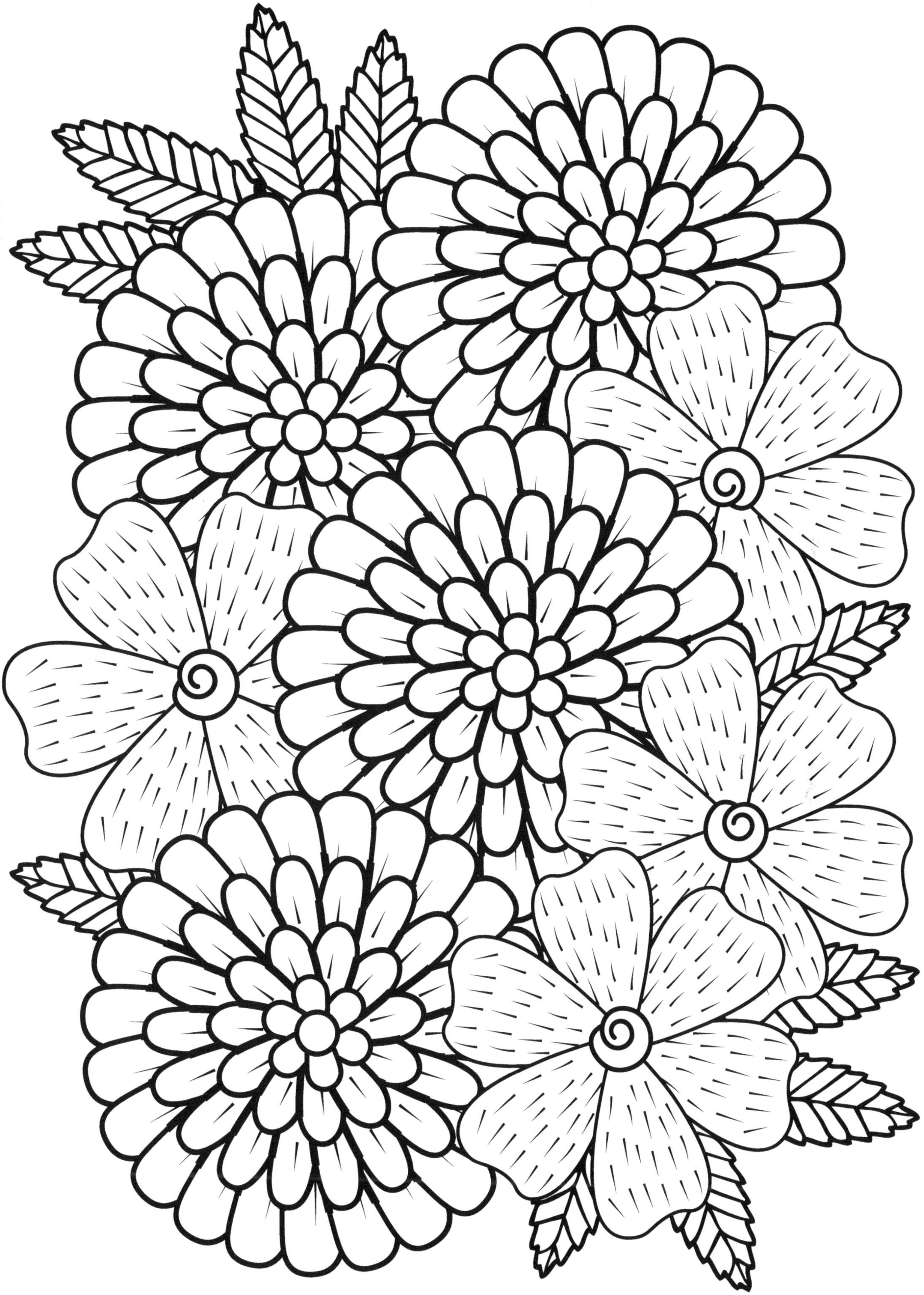

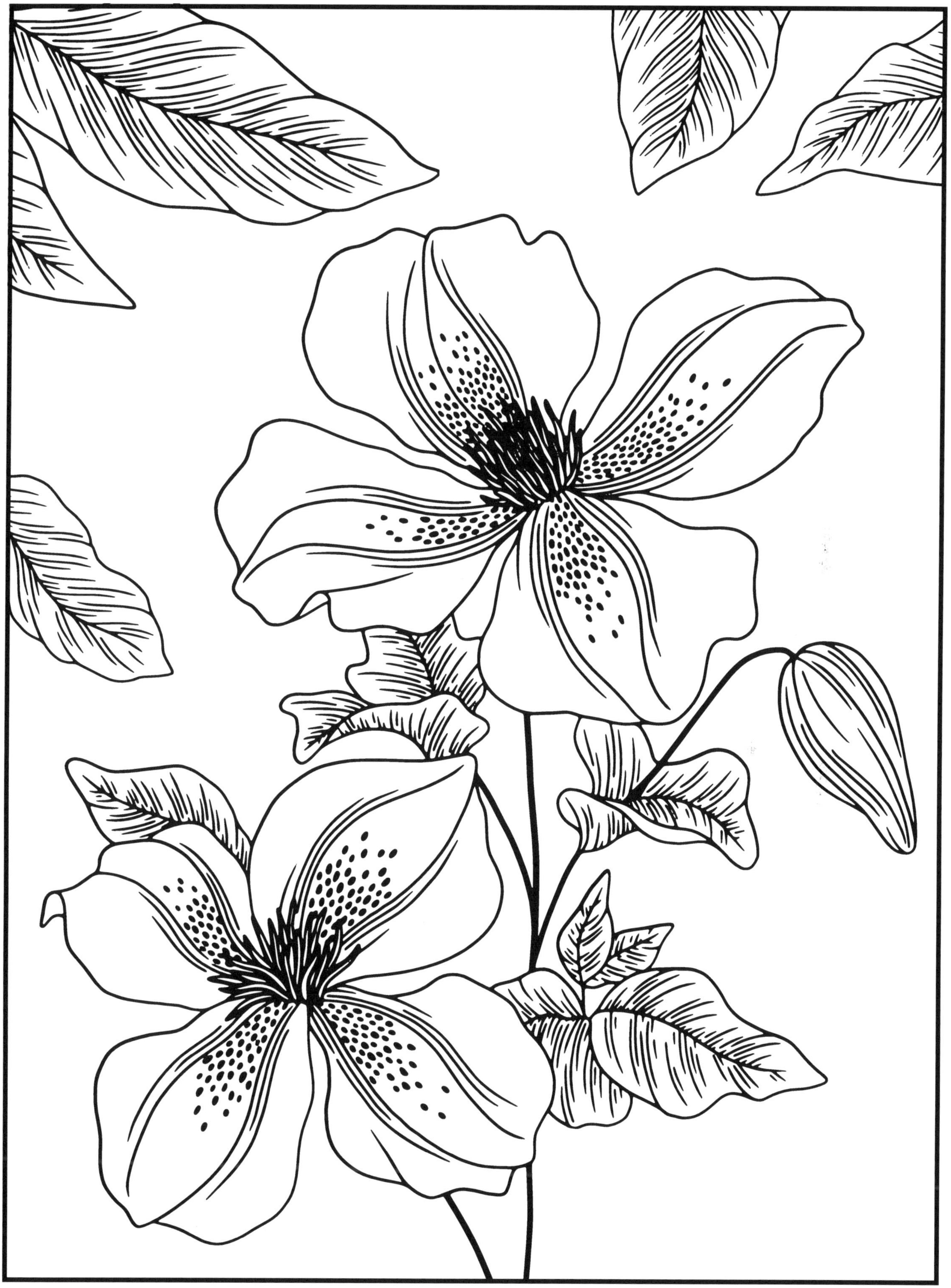

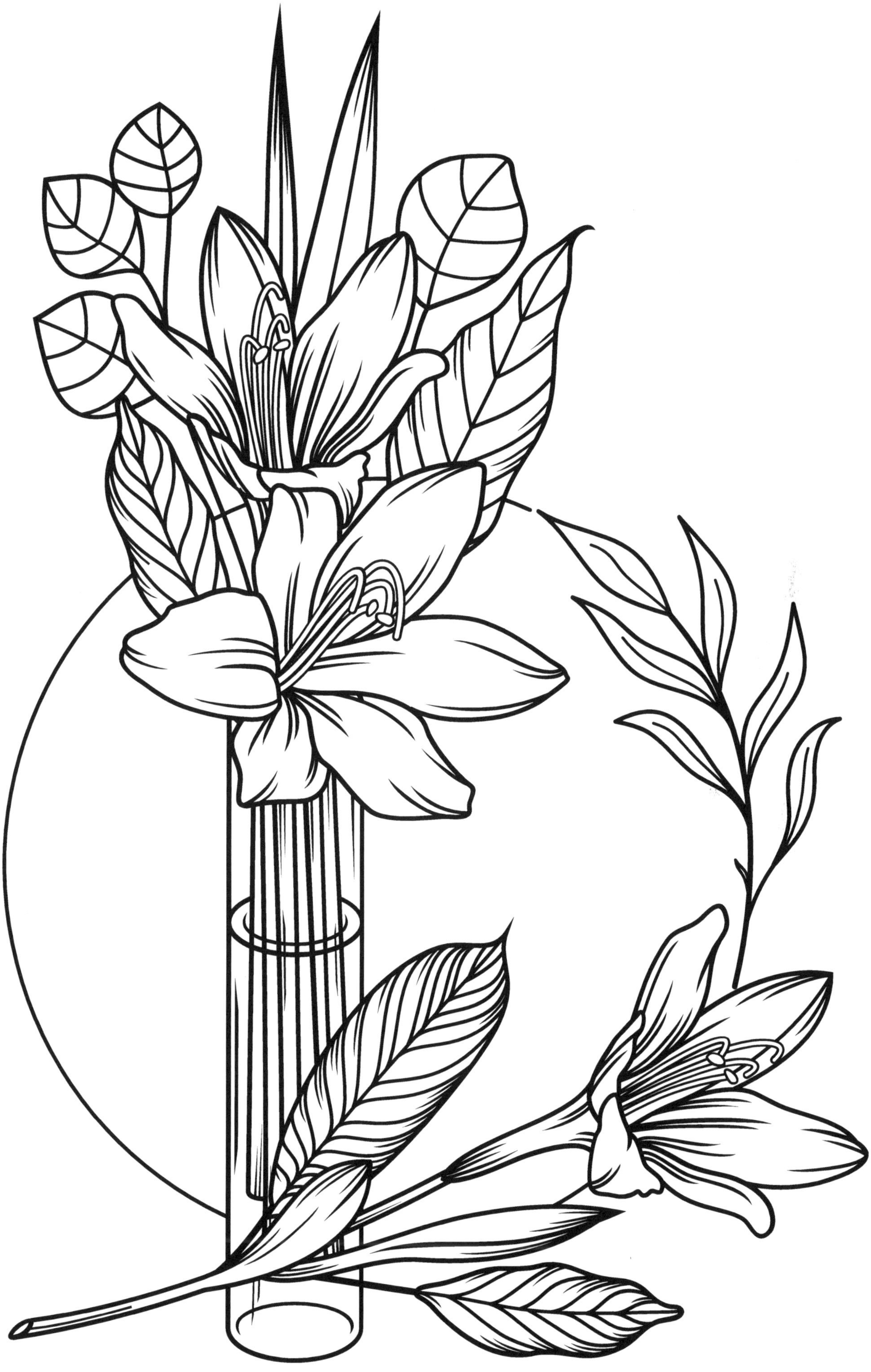

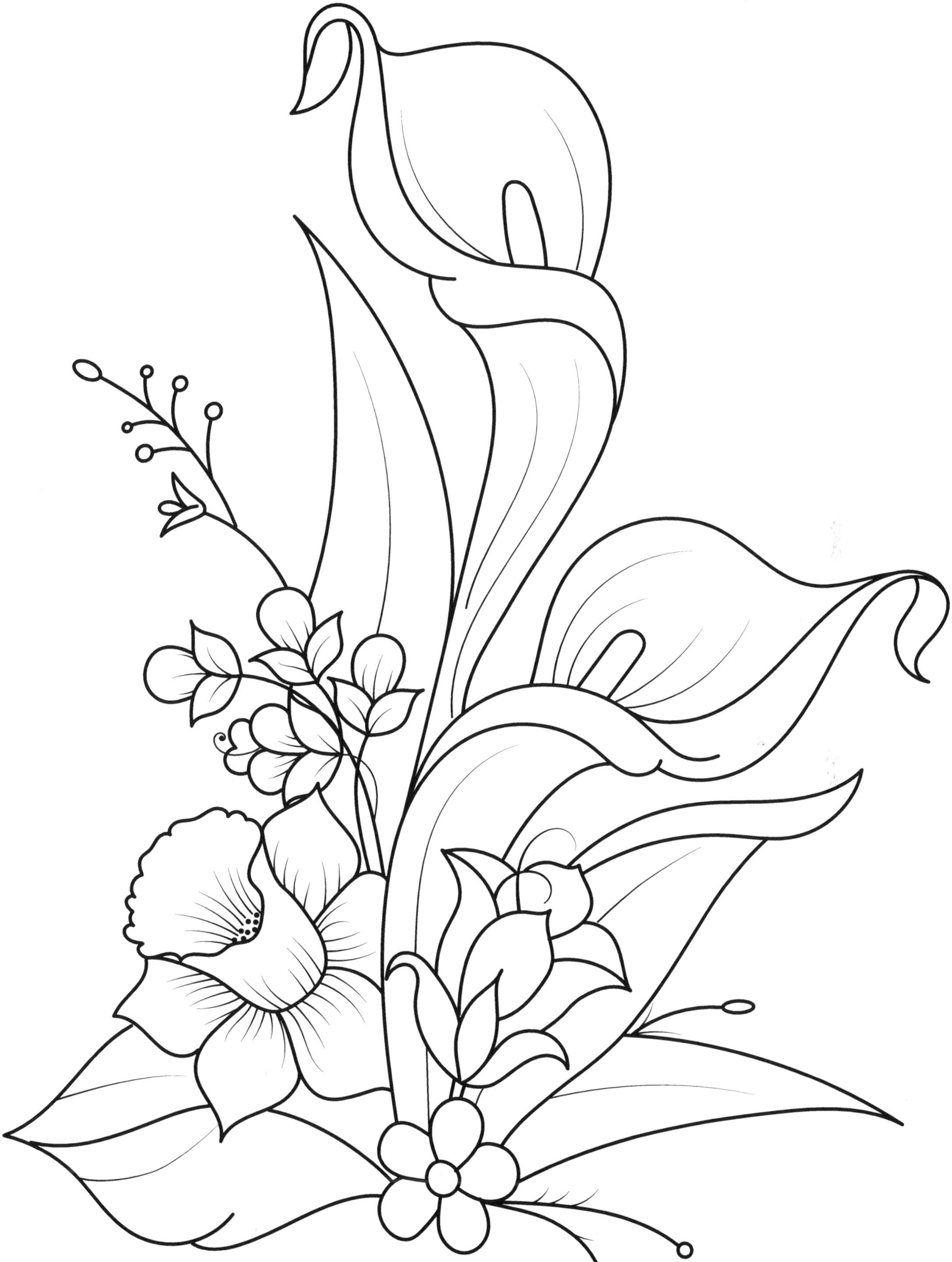

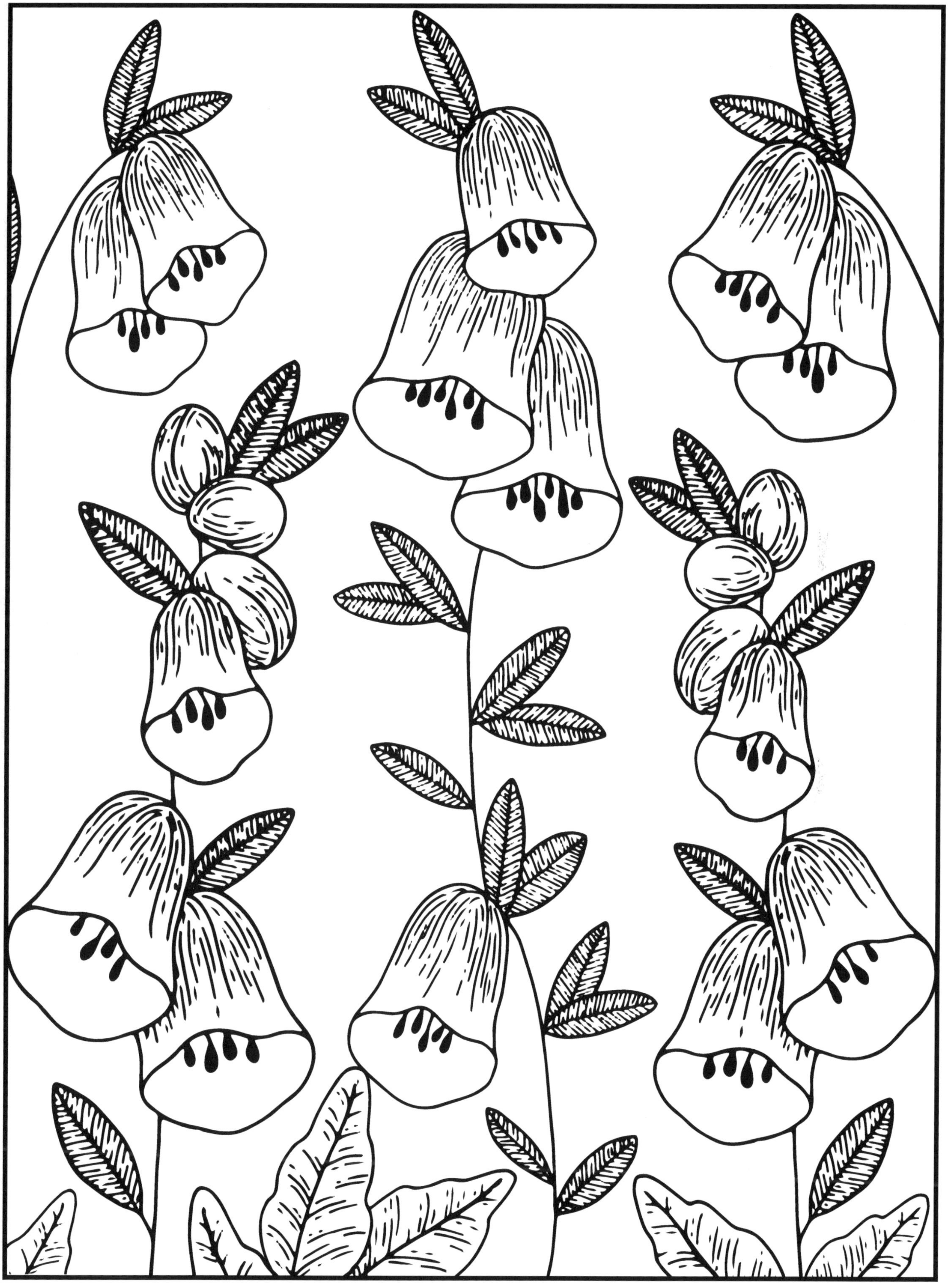

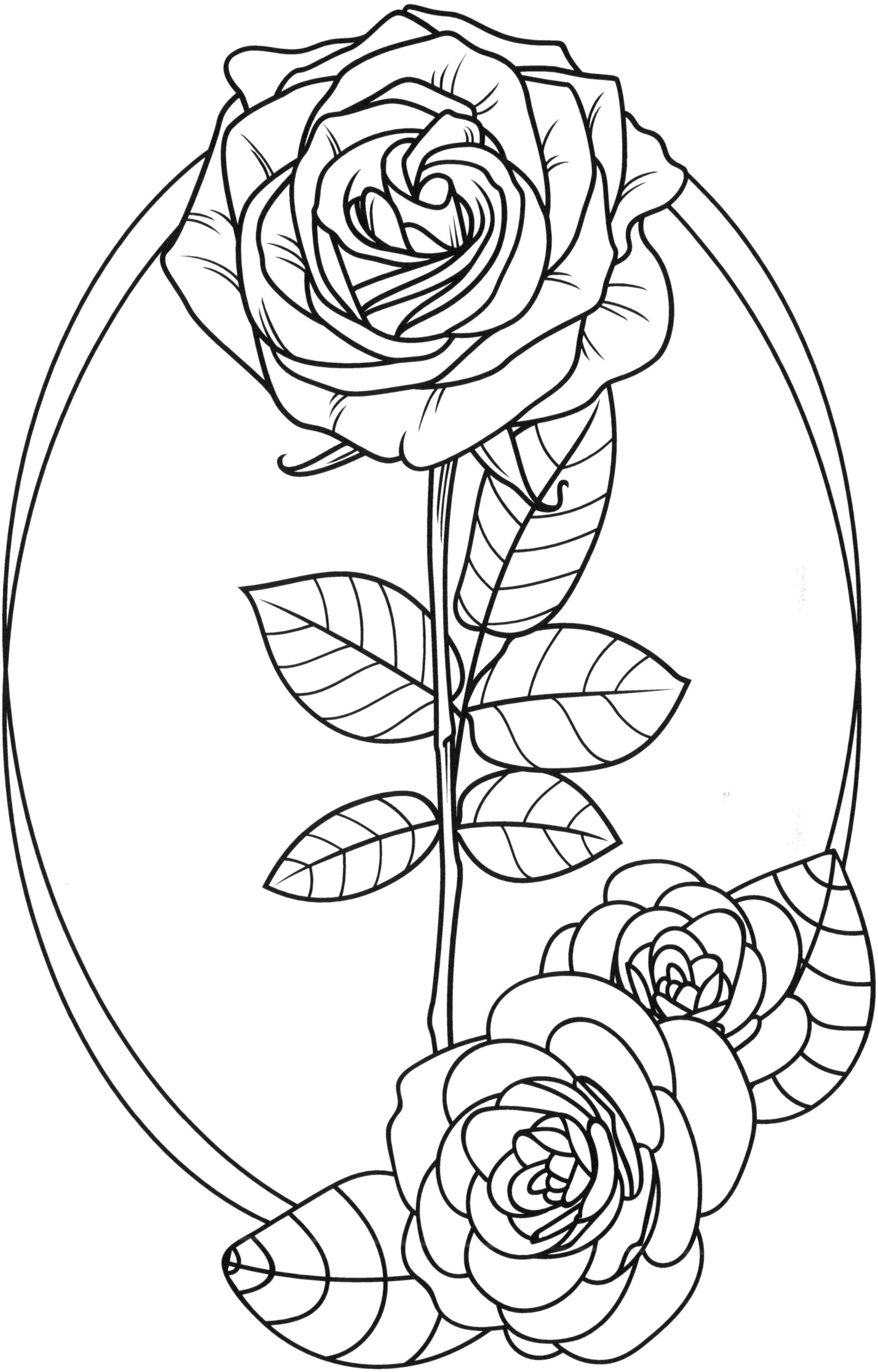

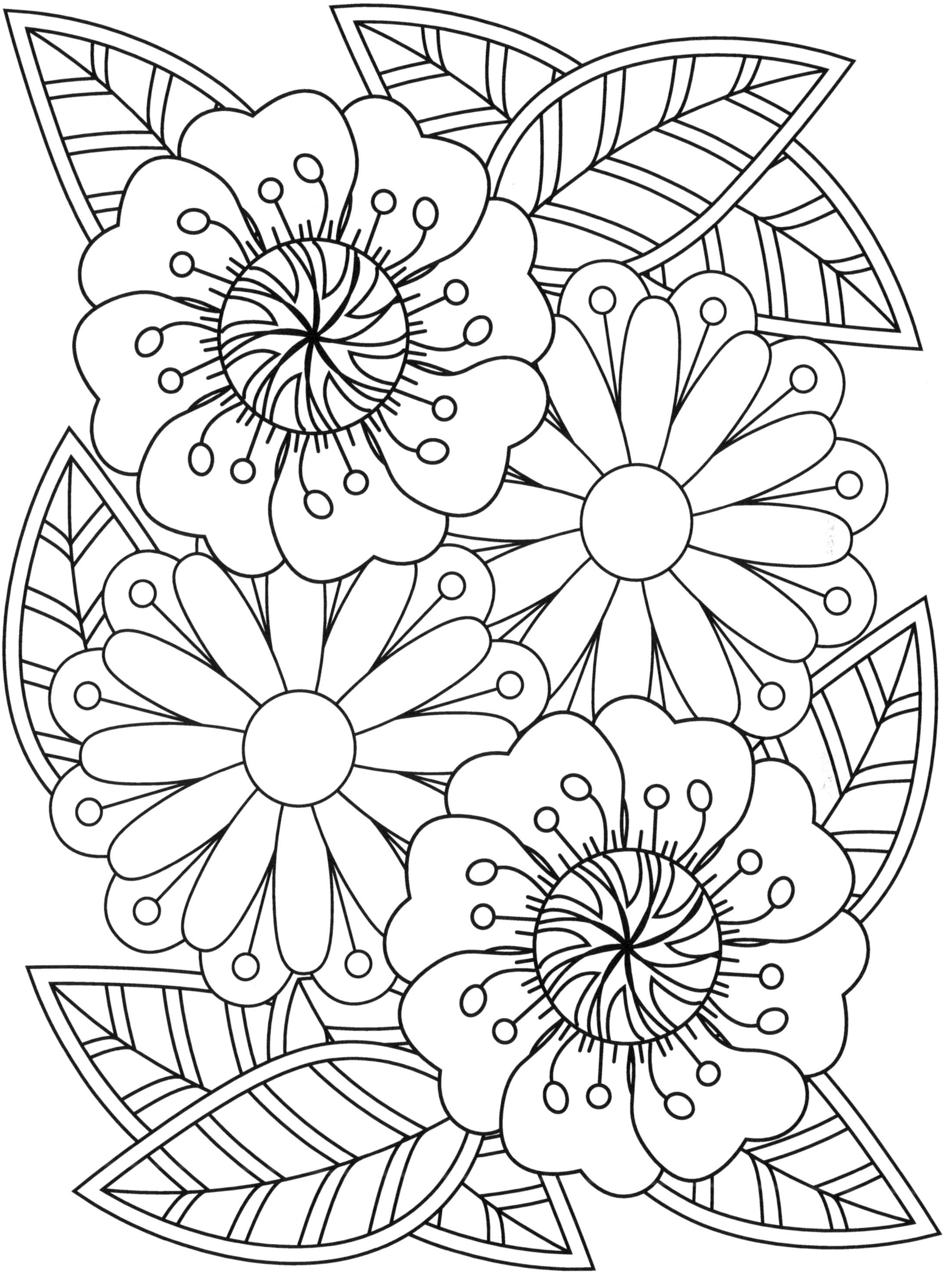

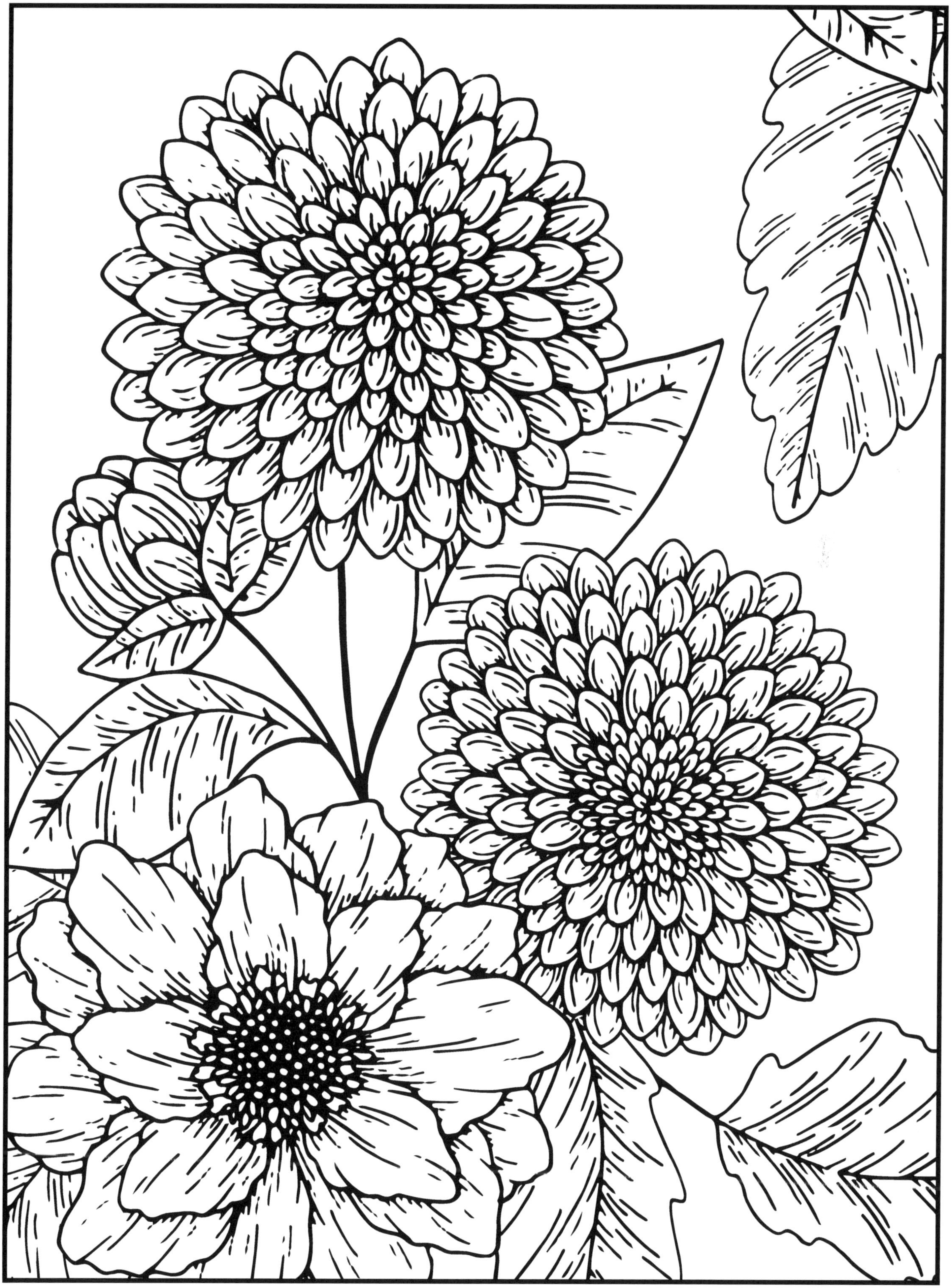

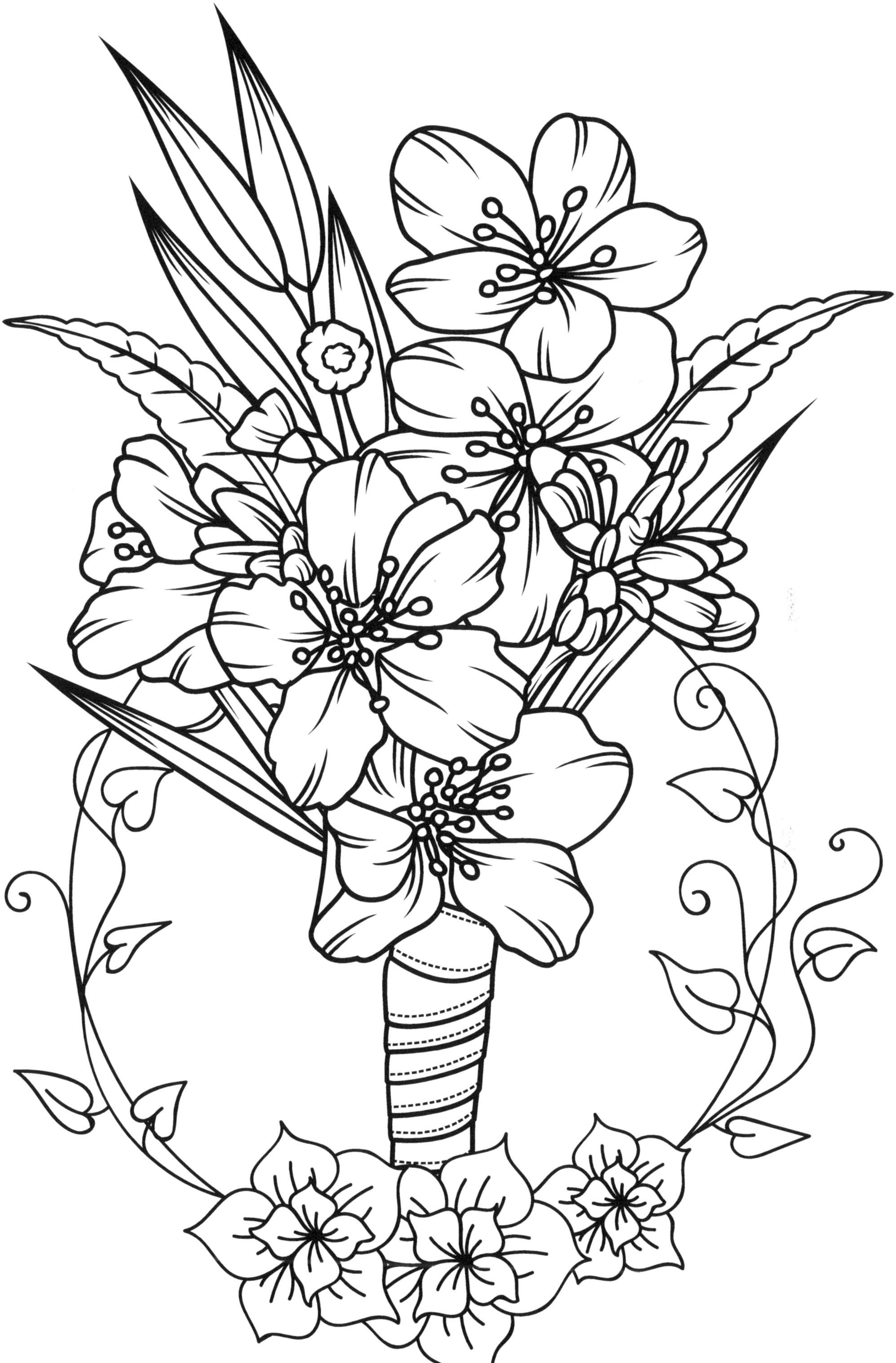

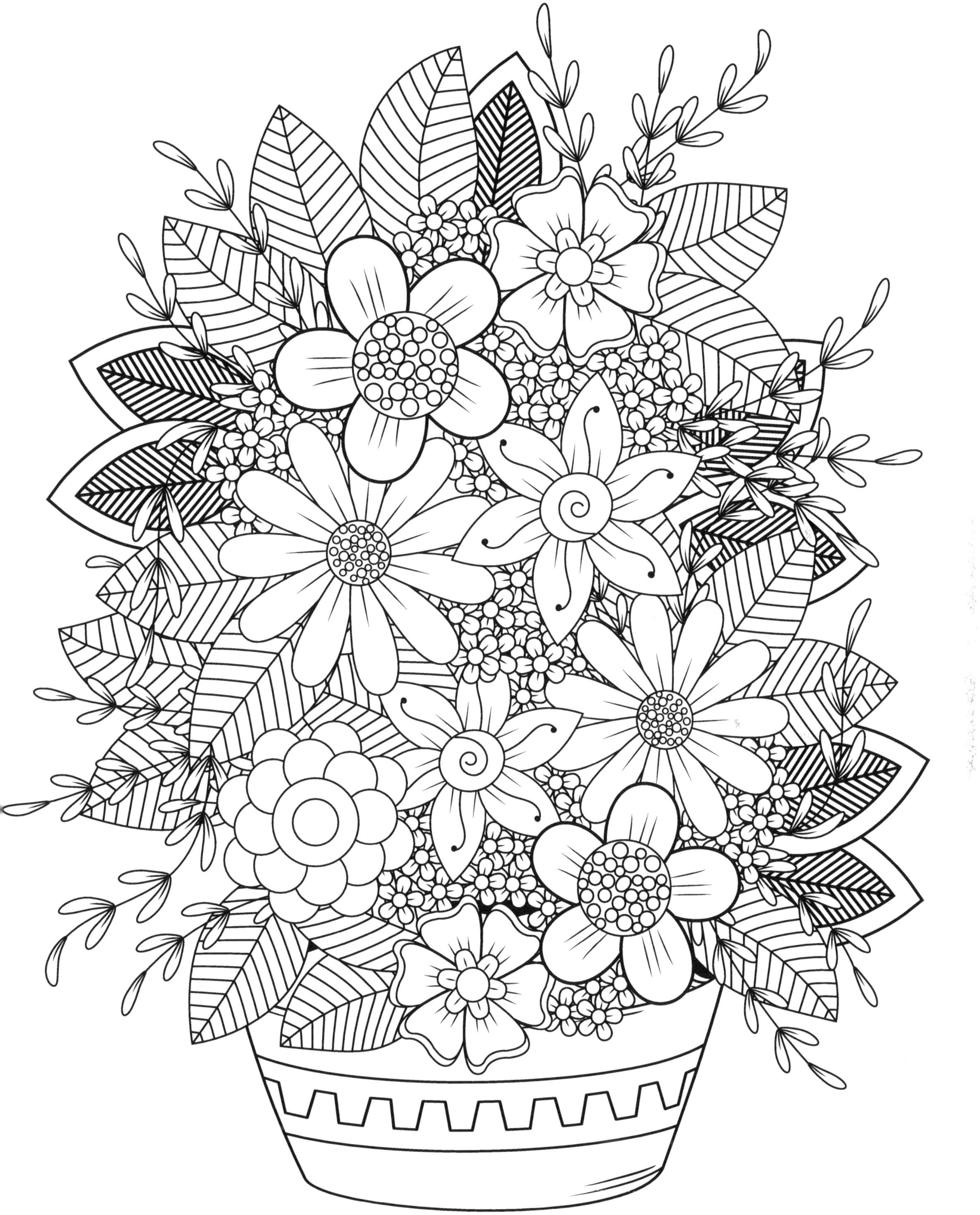

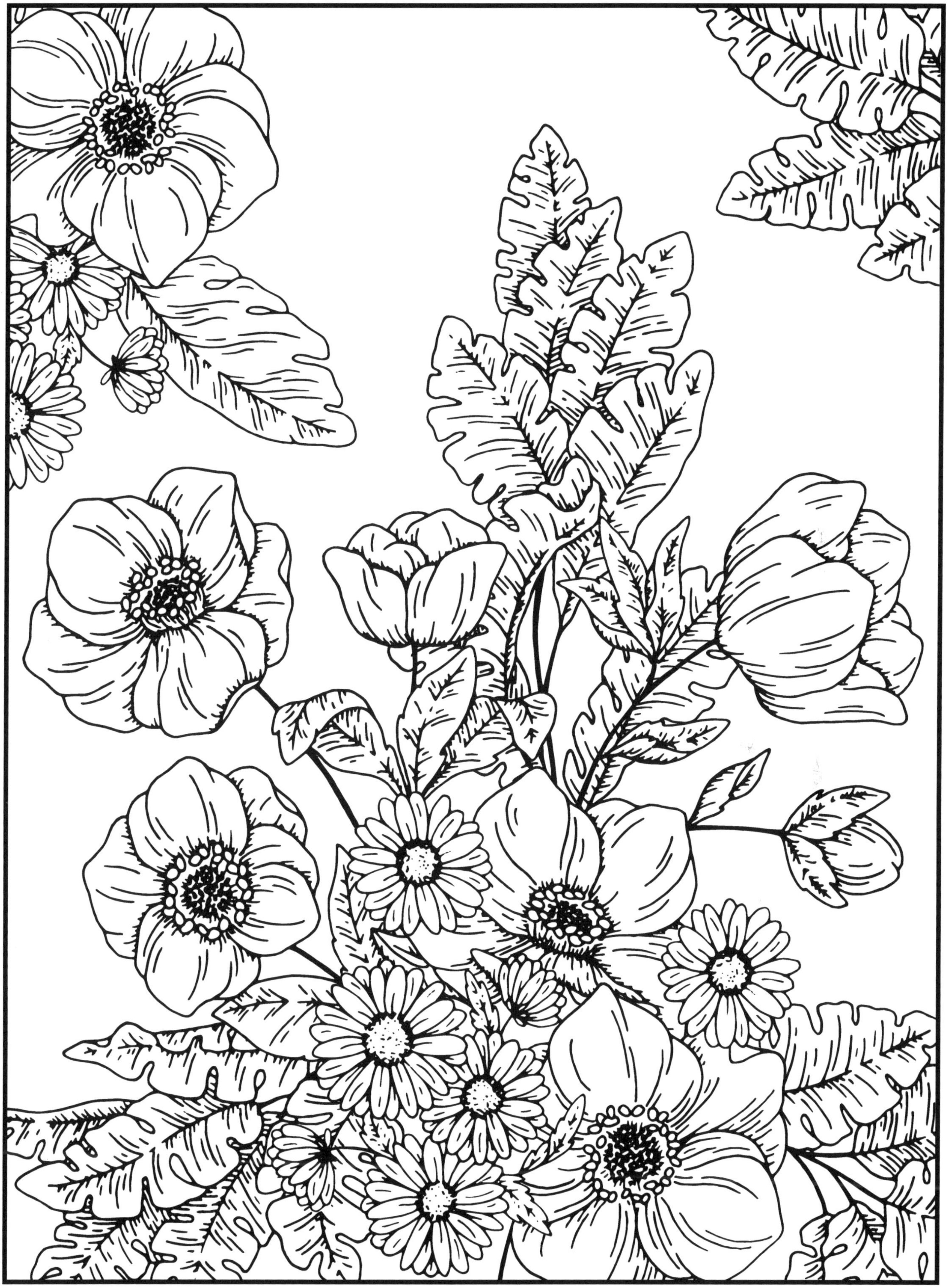

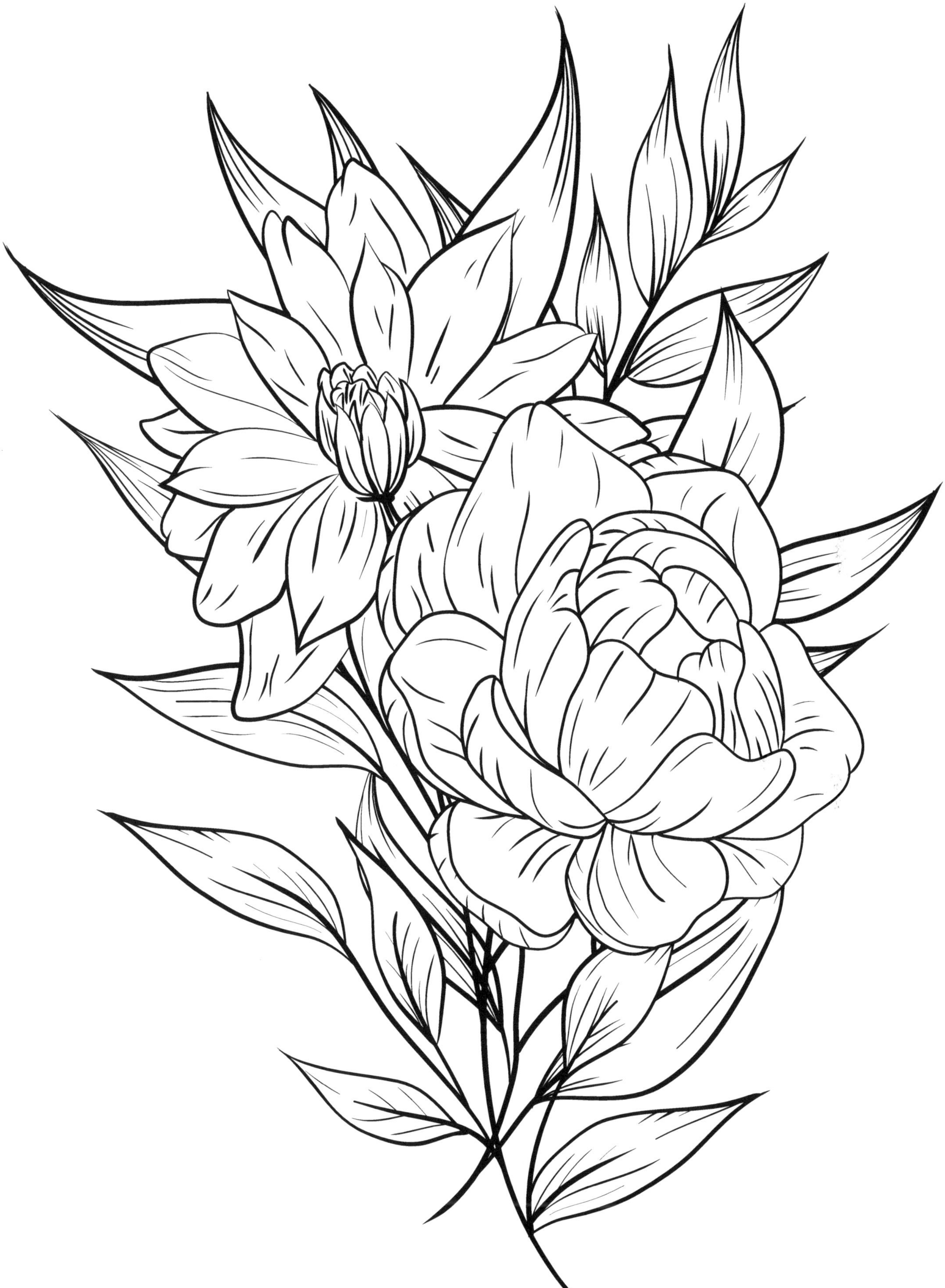

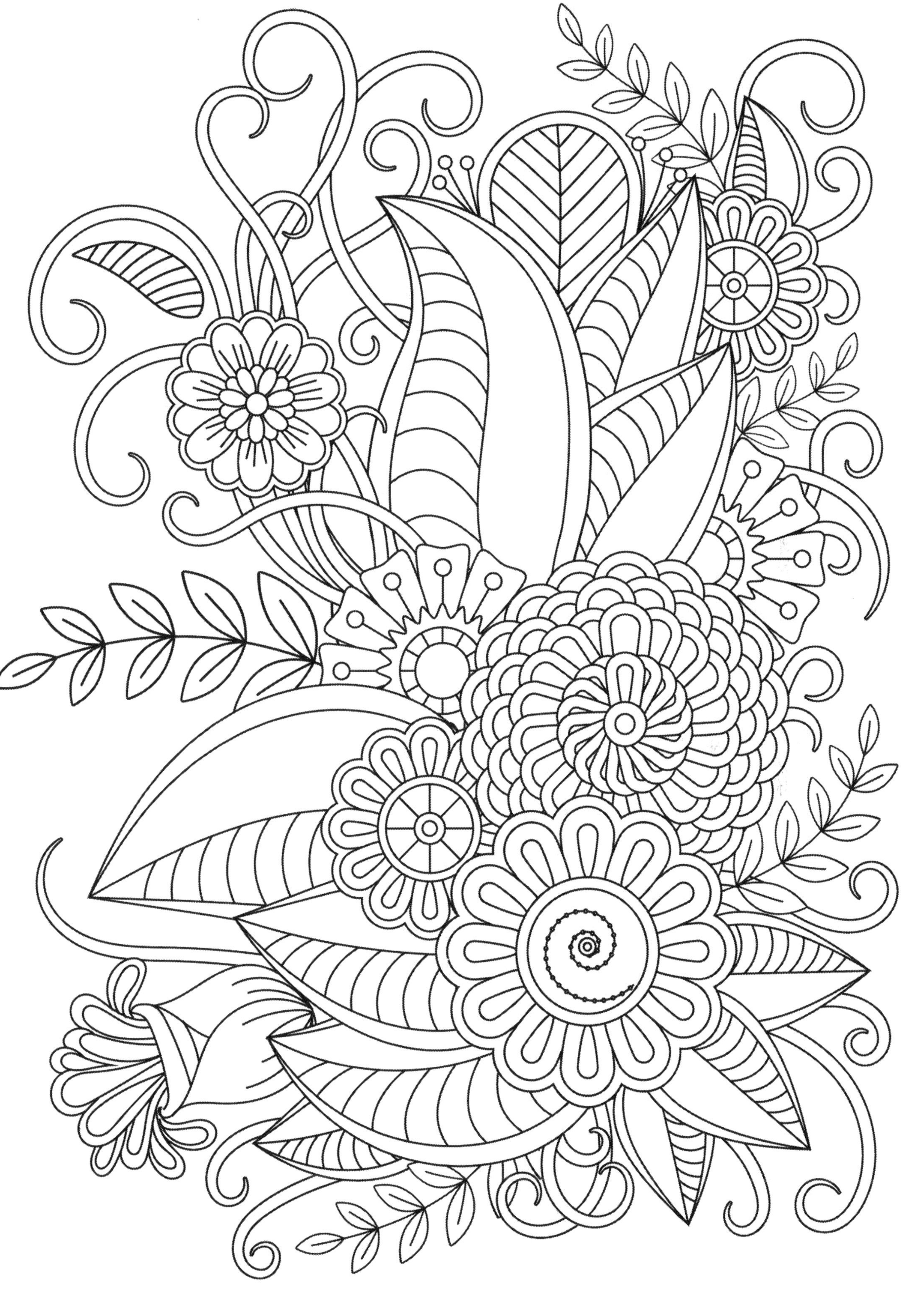

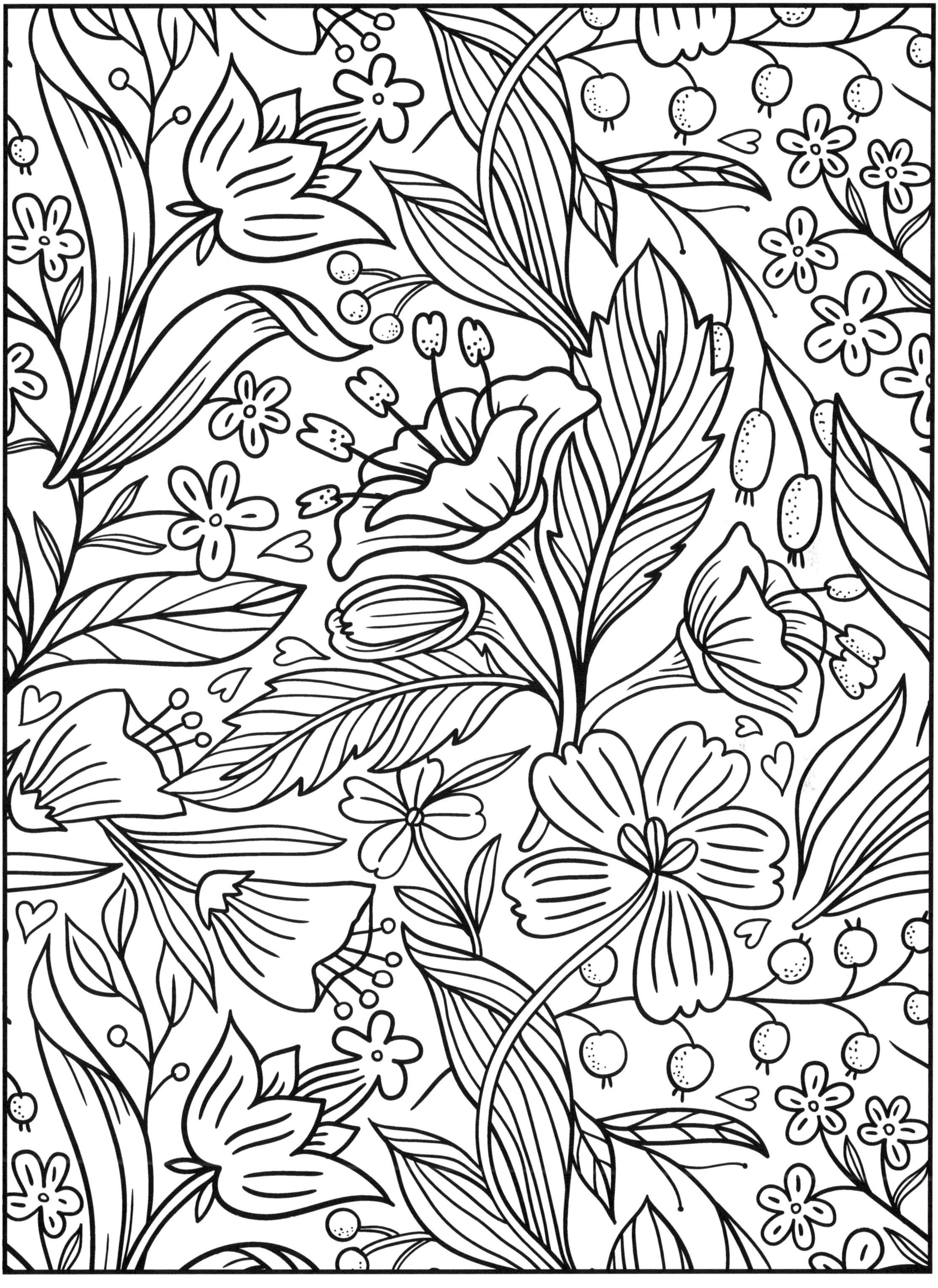

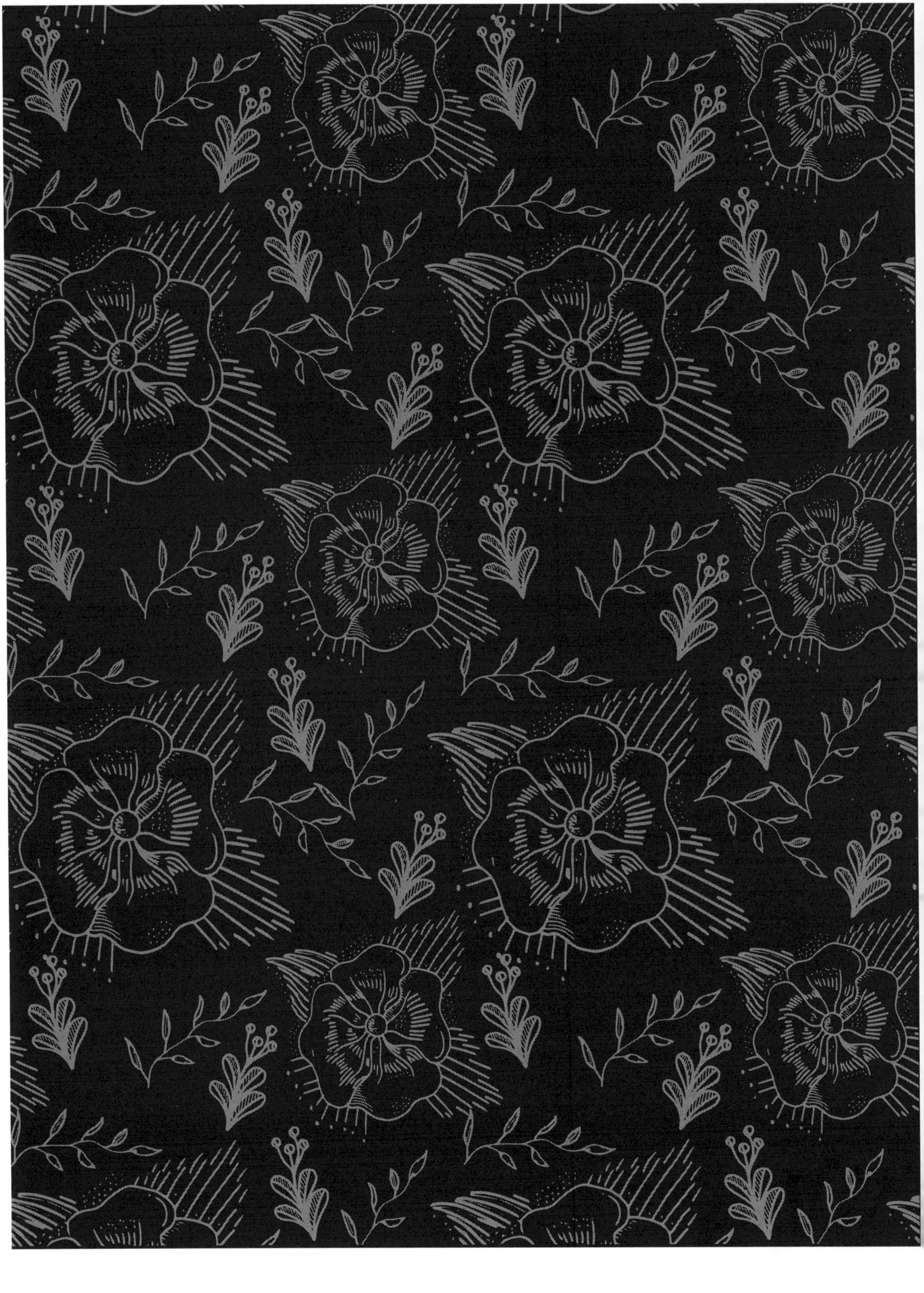

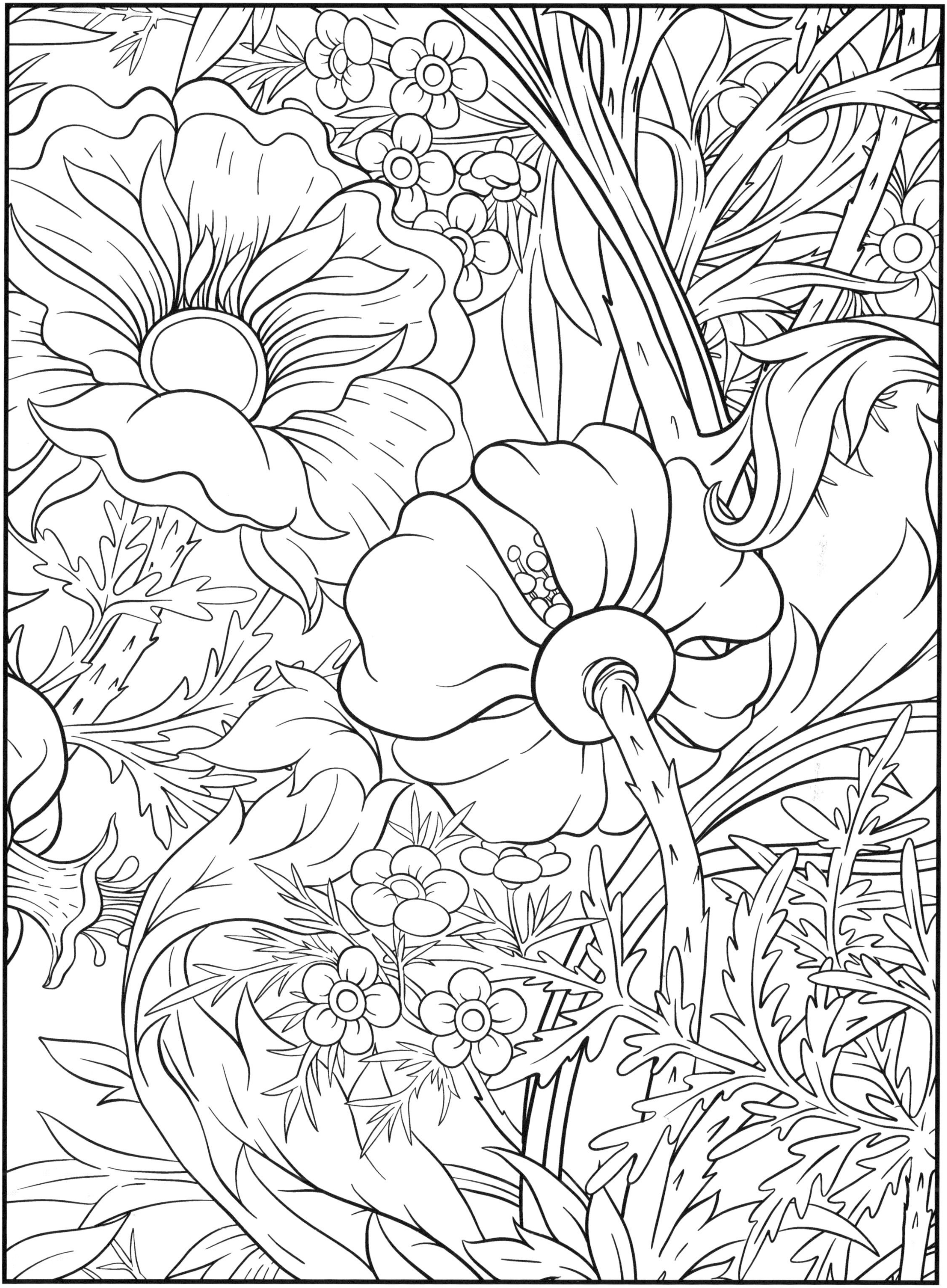

Made in United States
Orlando, FL
05 October 2024

52386675R00057